## DU MÊME AUTEUR

*Fictions et récits*

HISTOIRE D'EAUX, Le Dilettante, 2002, Pocket, 2004, Libra Diffusio, 2004.

LA COURSE AU TIGRE, Le Dilettante, 2003, Pocket, 2005.

LE SEXE (direction d'ouvrage), La Découverte, « Les Français peints par eux-mêmes », 2003.

L'INDUSTRIE DU SEXE ET DU POISSON PANÉ, Le Dilettante, 2004, Pocket, 2006.

LES DIX GROS BLANCS, Fayard, 2005, Pocket, 2007.

FIN DE PISTES, Léo Scheer, 2006.

TROUBLÉ DE L'ÉVEIL, Fayard, 2008, Éditions des femmes/Bibliothèque des voix, 2009.

MAÎTRE DE SOI, Fayard, 2010.

UNE MAÎTRESSE DE TROP, Biro éditeur, « Les Sentiers du crime », 2010, Kindle, 2021.

L'ÉDITRICE, Hors collection, « L'instant érotique », 2010.

MAÎTRE NEMO LARGUE LES AMARRES, L'Une & l'autre, 2010.

LA FÉTICHEUSE, Atelier in-8, 2012.

QUI A TUÉ MATHUSALEM ? (en collaboration avec Jérôme Pierrat), Denoël, 2012.

LE PROCÈS DU DRAGON, Le Passage, 2015.

LA VIE SEXUELLE DES AVENTURIERS, Éditions du Trésor, 2016.

L'OMNIVORE, Flammarion, 2019.

FOU BALLANT TROMPE LA MORT, Flammarion, 2021.

ERNESTINE OU LA JUSTICE (en collaboration avec Joseph Vebret), Les Escales, 2021.

*Essais*

LA CULTURE QUAND MÊME (en collaboration avec Patrick Bloche et Marc Gauchée), Mille et une nuits, 2002.

*Suite des œuvres d'Emmanuel Pierrat en fin de volume*

# LA PRISON DE VERRE

EMMANUEL PIERRAT

# LA PRISON DE VERRE

## *Sexe, argent et politique*

nrf

GALLIMARD

*À Anne Hautecœur,*
*toute en convictions et en humanité*

## INTRODUCTION

# *Les nouveaux fléaux*

À quoi tient une carrière en politique ? Au charisme ? Au talent oratoire ? À l'aisance matérielle ? À la séduction ? À l'intégrité ? Un mélange de tout cela ? Ou bien sommes-nous en train d'imiter les États-Unis, où l'exemplarité de la vie privée prime sur les compétences…

Hier, le président François Mitterrand parvenait à dissimuler des pans entiers de sa vie personnelle, tout en cultivant l'image de son couple uni dans le mariage (ce qui était le cas, malgré le paradoxe apparent). Aujourd'hui, tout prétendant à une fonction politique est susceptible de subir un dépeçage en règle sur les réseaux sociaux.

Il ne se passe plus un mois voire une semaine sans qu'un scandale prenne forme, façonné par mille et une rancœurs, sur les réseaux sociaux, relayés aussitôt par une certaine presse en ligne en quête de clics pour éviter son déclin, qui aussitôt se transforment en une parodie de tribunal révolutionnaire dont le seul verdict est le couperet car ledit supposé scandale a un parfum d'argent ou de sexe : Damien Abad, François Fillon, Pierre Joxe, le cégétiste Thierry Lepaon, Dominique Baudis, Georges Tron, Dominique Strauss-Kahn, Michel Sapin, Nicolas Hulot, Benjamin

Griveaux, Éric Coquerel, les époux Balkany, Jérôme Cahuzac, Bernard Tapie, François de Rugy et tant d'autres jetés ainsi en pâture.

À l'étranger, ce sont Bill Clinton, les juges à la Cour suprême Clarence Thomas et Brett Kavanaugh, Donald Trump, le Sud-Africain Jacob Zuma, Silvio Berlusconi, Michael Fallon, ministre britannique de la Défense, Anthony Weiner, le prince Philip ou encore les enfants adultérins des rois belges qui font la une.

Malgré les effroyables erreurs commises par le passé, qui ont tant de fois prouvé que la justice ne se prononce pas sur des on-dit et encore moins sous la pression des masses promptes à réclamer des têtes — en témoigne ce qui arriva, comme le lecteur le reverra, à Dominique Baudis —, la pseudo-sagesse populaire recueille toujours plus de suffrages et d'adeptes sous prétexte de rendre le pouvoir aux « vraies gens », et au risque d'ébranler notre démocratie.

J'y reviendrai amplement, mais le présupposé actuel selon lequel, et ce quel que soit le domaine, le peuple « vertueux » doit faire face à un pouvoir corrompu — ses représentants étant matérialisés par le *hashtag* #touspourris — est insoluble en plus d'être incorrectement posé.

Emmanuel Macron n'est pas Louis XVI, et les Gilets jaunes ne sont pas les héritiers de révolutionnaires assoiffés de justice et de liberté. Du passé rien ne peut être rejoué ; il ne suffit pas d'installer une guillotine sur un rond-point pour s'improviser Danton ou Robespierre.

Où cette radicalité puise-t-elle sa source et pourquoi notre histoire l'a-t-elle enfantée ? Voilà ce que l'avocat que j'ai été pendant plus de trente ans et le citoyen-essayiste que je suis a voulu analyser et mieux comprendre, en observant ce qui se passe sur les réseaux sociaux, où de plus en plus de médias classiques, hélas, guettent, suscitent et entretiennent tout ce qui soulèvera une vague — de préférence un tsunami — d'émotion aussitôt suivie d'un lynchage 2.0 qui peut autant découler d'une suspicion de délit que de l'expression d'une pensée jugée « offensante ».

Tout semble s'appuyer sur une volonté de transparence absolue. Nos représentants politiques auraient l'obligation d'incarner un idéal jusque dans leur vie privée — un ministre ardent défenseur des valeurs familiales n'aurait pas le droit (alors que ce n'est pas illégal) de prendre maîtresse, et encore moins de lui envoyer une vidéo privée de lui en train de se masturber. Telle députée de gauche s'expose à la table d'un restaurant étoilé et elle n'a pas encore payé son addition que le simple montant de celle-ci lui est reproché comme un grave méfait. Les voilà l'un et l'autre aussitôt discrédités, priés de renoncer à leurs ambitions politiques.

Sur quoi s'appuie cette exigence de transparence et d'adéquation entre projet politique et vie personnelle de l'élu qui le porte ?

J'irai d'abord explorer du côté des Anciens — remettant par exemple en mémoire le vieux débat, loin d'être obsolète, qui oppose Platon et Aristote. Je rappellerai quelques fondements de la morale en politique, laquelle morale, de plus en plus démagogique, semble primer aujourd'hui tout programme. Et je ferai quelques incursions dans des affaires politico-judiciaires des plus édifiantes.

Viendra ensuite le temps d'examiner le paradoxal et éternel rapport entre sexe et politique.

Enfin, j'analyserai sans tabou les liaisons complexes, parfois dangereuses, qu'entretiennent les politiques avec l'argent et s'il est encore possible d'en parler sans être cloué au pilori.

Les pages que vous vous apprêtez à lire n'ont aucune prétention encyclopédique ou historique ; elles sont le résultat de mes observations d'homme de loi, depuis plus de trente ans, chargé de la défense d'hommes et de femmes plus ou moins connus.

Cet étrange couple que forment la morale et la politique, lié tantôt au sexe tantôt à l'argent, je le côtoie donc au quotidien : j'ai en effet été l'avocat — et on me l'a souvent reproché, comme si la défense était devenue un tort dans un État de droit — du député Denis Baupin, du ministre Thomas Thévenoud (fâché avec les impôts), du député européen et vice-président du Modem Robert Rochefort (accusé d'exhibition), de Julien Dray (pour l'affaire dite des montres), du ministre Jean-Vincent Placé et encore de nombre de parlementaires ou élus locaux, en France et à l'étranger, accusés récemment encore de différents méfaits, souvent injustement, souvent très excessivement.

J'ai aussi, à divers titres, défendu, conseillé ou aidé Jean-Pierre Chevènement, Eva Joly, Jean-Luc Mélenchon, Olivier Besancenot, Esther Benbassa, Sergio Coronado ou encore Noël Mamère.

J'ajoute que je suis un ancien très « petit » élu d'un arrondissement parisien — où j'exerce encore des fonctions bénévoles — qui avait été soudainement interrogé par des colistiers écologistes sur la possession, forcément suspecte, d'une (petite) voiture… Et que j'ai été assistant parlementaire au début des années 1990 à l'Assemblée nationale pour financer mes études de droit, quand, certes, les affaires de mœurs et d'argent pouvaient nuire mais ne prenaient pas de telles proportions en forme de justice populaire.

Le tribunal des tweets (celui qui juge avec les plateaux de la jalousie et de la suspicion permanente), la dissection du comportement privé préférée à la lecture d'un programme politique, cette tyrannie de la transparence, le jugement rendu à la vitesse d'un tweet au nom de la morale, tous ces fléaux ont pris le dessus, souvent pour le pire car les victimes sont nombreuses, à commencer par les hommes et les femmes politiques qui, même blanchis, sortent de ces affaires crucifiés à jamais par la rumeur. Malgré le droit à l'oubli, on retrouvera éternellement sur Internet un casier pseudo-judiciaire bien souvent imaginaire.

Un de mes amis devenu sénateur n'en dort plus. Cet homme, profondément honnête et voué à la cause de l'intérêt public, m'a confié que, chaque jour, il doit rendre compte des personnes qu'il invite à déjeuner, quand bien même il utilise pour cela son traitement et non un quelconque budget de frais de représentation.

Et combien sont-ils, ceux qui se refusent à être candidats, tant est violente la mise en cause de chaque fait et geste ?

Tandis qu'une de mes clientes femme d'affaires a renoncé à devenir députée parce que la ridicule interdiction du cumul des mandats et les suspicions sur son rôle à la tête d'une entreprise l'amèneraient à devoir faire une croix sur un train de vie qui lui permettait de prendre en charge un remboursement de prêt immobilier et une place dans une maison de retraite décente pour sa mère âgée.

Ni haine ni ressentiment, pas de « c'était-mieux-avant » ou de leçon à doctement dispenser. Un cheminement plutôt — autour d'une notion qu'il ne faudrait pas dévoyer, et qui s'appelle humanisme.

# I

## *Politique et morale : couple fusionnel ou incestueux ?*

De nos jours, le mot « politique » semble avoir glissé dans une sorte d'abstraction, en ce sens qu'il ne concernerait plus la « *vraie-vie-des-gens* » mais seulement une poignée de privilégiés conséquemment suspectés — ce qui est, j'y reviendrai, un paradoxe — de s'affranchir de toute morale.

La raison d'être du politique serait de plus en plus confondue avec une aspiration individualiste, voire intime, alors que précisément ce mot, « politique », ainsi que ses satellites associés, la morale et le droit, nous relient à l'histoire humaine — sa tradition, ses doctrines —, « dans le territoire plus vaste de l'*agir* », ainsi que l'explique l'agrégé de philosophie Olivier Dekens[1].

Cet *agir* est fatalement confronté à des écueils de toutes sortes, des empêchements sources d'interrogations et de crispations personnelles et/ou collectives.

Ainsi se posent depuis toujours les questions qui fondent le besoin politique et le pouvoir qui en découle : « Que

1. Et auteur de l'ouvrage *La Morale, le droit et la politique*, Éditions Ellipses, coll. « Philo-notions », 2001, d'où est extraite la citation.

dois-je faire ? Comment bien mener ma vie ? Qui détient le droit à la force ? Comment un État peut-il être juste[1] ? »

Sous l'Antiquité, au moment de l'invention de la démocratie, la rumeur et l'observation du comportement individuel occupaient déjà une place importante.

Selon Plutarque, Sénèque, Tite-Live ou encore Cicéron, toute morale dite humaniste prévoit la séparation distincte entre obligations publiques et vie privée — sachant que le concept de « vie privée » est alors ramené à des « considérations abstraites » sur le *courage* ou la *simplicité des mœurs.* « C'est l'excès de luxe ou la corruption qui étaient censés perdre un homme politique, et non le péché de chair[2] », précise le politologue Denis Lacorne.

*Le sommeil de Gilbert Collard*

De nos jours, la vie privée des politiques, ce devrait être, pour le juriste que je suis, tout ce qui ne rentre pas dans les fonctions publiques.

Les juges rappellent souvent, comme dans une décision de 2018 qui concernait l'avocat et alors député du Front national (FN) Gilbert Collard, que, « conformément à l'article 9 du Code civil et à l'article 8 de la Convention européenne de sauvegarde des droits de l'homme et des libertés fondamentales, toute personne, quelle que soit sa notoriété, a droit au respect de sa vie privée et est fondée à en

1. *Ibid.*

2. Denis Lacorne, « La politique du soupçon d'immoralité : comparaisons franco-américaines », *Pouvoirs. Revue française d'études constitutionnelles et politiques*, n° 65 (« Morale et politique »), 1993.

obtenir la protection en fixant elle-même ce qui peut être divulgué[1] ».

Et ils ajoutent : « De même, elle dispose sur son image, attribut de sa personnalité, et sur l'utilisation qui en est faite, d'un droit exclusif, qui lui permet de s'opposer à sa diffusion sans son autorisation. »

Je me dois de préciser que l'article 9 du Code civil prévoit que « chacun a droit au respect de sa vie privée ». Quant à l'article 8 de la Convention européenne des droits de l'homme, il dispose que « toute personne a droit au respect de sa vie privée et familiale, de son domicile et de sa correspondance ».

Le Code civil comme la Convention européenne des droits de l'homme étant, à dessein, laconiques, il faut se référer à la jurisprudence pour comprendre ce que recouvre concrètement le concept juridique de « vie privée ».

Pour la justice française, la vie privée s'étend à l'identité de la personne (son patronyme réel, son adresse...), à l'identité sexuelle (cas de transsexualisme), à l'intimité corporelle (nudité), à la santé, à la vie sentimentale et conjugale (et sexuelle bien entendu), à la maternité, aux souvenirs personnels ainsi qu'aux convictions et pratiques religieuses. Le sommeil peut donc, en théorie, s'inscrire dans cette énumération, qui, en réalité, n'écarte que ce qui concerne *stricto sensu* la vie professionnelle.

Voilà donc où devrait être la règle moderne de distinction, dans un État de droit comme la République française. Le reste n'est que de la morale.

Je peux illustrer cela avec ce jugement de la 17e chambre

1. Jugement de la 17e chambre du tribunal de grande instance de Paris, rendu le 7 février 2018.

du tribunal de grande instance de Paris, celle qui tranche les affaires de diffamation et de vie privée des personnalités publiques s'opposant aux médias et aux réseaux sociaux, rendu le 7 février 2018, car il est instructif sur les contours de la vie privée. Il portait, pour une fois, sur une question anodine, celle du sommeil.

Le demandeur, le député Front national et avocat Gilbert Collard, avait assigné un éditeur à la suite de la publication d'une image le représentant « assis dans un train, semblant assoupi, "les pieds sur la table" », ainsi que le relève le texte accompagnant le cliché litigieux.

La photographie avait bien entendu été prise à l'insu de l'intéressé, ce que ne contestait pas la société éditrice, le texte en cause « précisant d'ailleurs : "Après le selfie du danseur Brahim Zaibat avec Jean-Marie Le Pen dormant dans le train, c'est une autre personnalité du Front national qui s'est fait prendre en photo à son insu" ».

L'éditeur faisait valoir le droit du public à l'information et le principe de la liberté d'expression. De fait, les magistrats remarquent que les droits de toute personne agissant au nom du respect de la vie privée « doivent se concilier avec le droit à la liberté d'expression, consacré par l'article 10 de la Convention européenne de sauvegarde des droits de l'homme et des libertés fondamentales ; ils peuvent céder devant la liberté d'informer, par le texte et par la représentation iconographique, sur tout ce qui entre dans le champ de l'intérêt légitime du public, certains événements d'actualité ou sujets d'intérêt général pouvant justifier une publication en raison du droit du public à l'information et du principe de la liberté d'expression ».

Mais le tribunal retient que « même s'il s'agit d'un avocat réputé et d'un député », qui s'est « endormi dans un train [...], la diffusion du cliché visé n'apporte aucune contribution à un quelconque débat d'intérêt public et ne saurait relever, dans ces conditions, du droit à l'information ».

En conséquence, pour la 17e chambre, la « publication porte atteinte au droit à la vie privée de Gilbert Collard, dans la mesure où il est révélé que l'intéressé se trouvait dans un train, en mai 2016, et qu'il était endormi, ce hors de tout contexte professionnel ou de toute manifestation publique ; que le sommeil est un moment de relâchement, qui, par sa nature, appartient à la sphère protégée de l'intimité et relève de la nécessaire tranquillité dont dispose toute personne, quelle que soit sa notoriété ». En outre, « le cliché en cause porte également atteinte au droit dont Gilbert Collard dispose sur son image, faute d'avoir été autorisé ».

Le tribunal condamne donc l'éditeur à des dommages-intérêts. Toutefois, « s'agissant de la demande d'interdiction de republication du cliché pour l'avenir », qui avait été retiré entre-temps, « elle sera considérée comme disproportionnée, étant observé que la photographie en cause, même désavantageuse, ne porte pas atteinte à la dignité de Gilbert Collard » ; car, « en toute hypothèse, toute nouvelle publication peut à nouveau ouvrir la voie à une action fondée sur les dispositions de l'article 9 du Code civil ».

La leçon de cette décision est que les contours de la vie privée sont larges et on s'attendrait à ce que la jurisprudence soit toujours aussi ferme. Or, j'y reviendrai, la sexualité (et l'amour !) comme l'argent (au sens des dépenses et du patrimoine) entrent dans la définition traditionnelle de la vie privée applicable aux hommes et femmes politiques.

De plus, la captation d'images ou de sons dans un lieu privé est particulièrement sanctionnée.

L'article 226-1 du Code pénal dispose : « Est puni d'un an d'emprisonnement et de 45 000 euros d'amende le fait, au moyen d'un procédé quelconque, volontairement de porter atteinte à l'intimité de la vie privée d'autrui : 1° en captant, enregistrant ou transmettant, sans le consentement de leur auteur, des paroles prononcées à titre privé ou confidentiel ; 2° en fixant, enregistrant ou transmettant, sans le consentement de celle-ci, l'image d'une personne se trouvant dans un lieu privé. Lorsque les actes mentionnés au présent article ont été accomplis au vu et au su des intéressés sans qu'ils s'y soient opposés, alors qu'ils étaient en mesure de le faire, le consentement de ceux-ci est présumé. »

Il s'agit là essentiellement d'un dispositif légal qui visait originellement à sanctionner les paparazzis et les barbouzes à la gomme tentant de mettre sur écoute *Le Canard enchaîné.*

Ainsi, le tribunal de grande instance de Paris, en 1998, a jugé à propos de photographies représentant Lady Di et Al-Fayed, publiées dans *Paris Match,* que : « Dès lors que le couple se trouvait sur le pont d'un bateau, lieu où personne ne pouvait accéder sans l'accord de l'occupant, ce lieu présentait incontestablement un caractère privé, au sens de l'article 226-1, 2°, du code pénal, et il n'importe à cet égard que le navire se trouvât, au moment de la prise des clichés, non loin d'un port ou d'une plage comme le soutient la défense ou au large des côtes de la Sardaigne, selon la partie civile. »

De même, la prise de photographies à travers une fenêtre, telle qu'elle est souvent pratiquée par la presse à sensation, est constitutive du délit prévu à l'article 226-1 du nouveau Code pénal. Cela s'applique aussi bien à une personne dans son appartement que dans une cellule, dans un hôpital, etc.

Ne nous trompons pas : il faut lutter pour la liberté d'expression ; mais sans pour autant autoriser aussi bien les appels à la haine que les intrusions ou attaques malsaines visant des individus dont le seul tort est d'être connus.

De même, j'ai beaucoup soutenu le journaliste Guy Birenbaum quand il publiait son essai ravageur sur *Nos délits d'initiés. Mes soupçons de citoyen*[1], où il décidait de s'en prendre à une forme d'omerta sur la vie politique. J'approuvais et approuve toujours qu'on tance ceux qui tiennent un double discours, tels que les politiques vivant en couple du même sexe mais participant aux défilés les plus nauséabonds contre le « mariage pour tous ».

### *Liliane Bettencourt et les micros*

Las, quand certains médias se font réprimer pour avoir franchi cette ligne rouge dans des affaires politico-financières, ils crient à la censure. Tel est le cas de *Mediapart*, qui fustige un arrêt de la Cour européenne des droits de l'homme (CEDH) de janvier 2021 qui met un terme, à ses dépens, à l'exploitation des enregistrements réalisés chez Liliane Bettencourt[2].

L'affaire est connue mais complexe. Rappelons seulement que, en 2013, la cour d'appel de Versailles avait ver-

1. Guy Birenbaum, *Nos délits d'initiés. Mes soupçons de citoyen*, Éditions Stock, 2003.

2. https://www.mediapart.fr/journal/france/140121/enregistrements-bettencourt-une-defaite-pour-le-droit-l-information.

tement condamné *Mediapart* ou encore *Le Point.* Les juges avaient souligné que « l'hebdomadaire *Le Point* a publié dans la rubrique société un article annoncé en page de couverture par le bandeau "Liliane Bettencourt, les révélations du maître d'hôtel" sous le titre "Les enregistrements secrets du maître d'hôtel", et le sous-titre "Affaire Bettencourt. Les conversations de la milliardaire avec ses proches, captées à leur insu, révèlent une femme sous influence" ». Or, « il ressort de cet article que le maître d'hôtel de Liliane Bettencourt avait, une année durant, capté les conversations tenues dans la salle de l'hôtel particulier de Neuilly-sur-Seine où Liliane Bettencourt tenait ses "réunions d'affaires" avec certains de ces proches, avant de remettre les 28 CD sur lesquels ont été consignés les enregistrements ainsi obtenus à Françoise Bettencourt Meyers, laquelle les a transmis à la brigade financière ».

Liliane Bettencourt exposait qu'« il convient de s'attacher aux conditions de la captation et non pas au contenu de l'enregistrement pour caractériser un trouble manifestement illicite ; que tel est bien le cas des enregistrements litigieux, effectués à son insu et à celui de ses visiteurs, et dont la diffusion fait entrer le lecteur dans son intimité ; que par leur mode opératoire et leur durée, ces enregistrements ont nécessairement conduit leur auteur à pénétrer dans sa vie privée ; que ces conversations ont été tenues par elle à son domicile, ce qui conforte leur caractère privé, étant de surcroît observé que certaines conversations sont des échanges avec un avocat ou un notaire, par nature confidentiels ; que le choix des termes utilisés dans différents articles relatifs à ces enregistrements publiés par l'hebdomadaire *Le Point* démontre que celui-ci avait conscience du fait que les enregistrements avaient une provenance illicite ; que la publication de tels enregistrements est interdite, qu'elle soit totale ou partielle, et ne saurait être légitimée par le droit à l'information ; que, selon elle, la jurisprudence dégagée par la Cour européenne des droits de l'homme ne fait pas prévaloir le droit à l'information du public sur le droit au respect de la vie privée ».

Les journaux condamnés, *Le Point* et *Mediapart*, ont soutenu à leur tour « que la publication était légitime, et qu'il est de jurisprudence constante que l'évocation par la presse d'informations touchant à la vie privée peut être légitime au regard de l'actualité et que, sur ce point, l'évocation de "l'affaire Bettencourt" impliquait nécessairement d'évoquer le patrimoine, la succession ou encore l'état de santé de l'intéressée ; qu'il est également de jurisprudence constante que la protection de la vie privée peut céder devant les nécessités de l'information du public lorsque la personne concernée est impliquée dans un événement ou dans une procédure judiciaire, ce qui est bien le cas en l'espèce ; que cette affaire est même un véritable cas d'école, compte tenu des multiples aspects justifiant l'information du public, qu'il s'agisse des aspects intéressant le contrôle d'un des principaux groupes industriels français, des soupçons d'abus de faiblesse commis sur la femme la plus riche de France, personnalité de premier plan, par un écrivain et photographe célèbre, des soupçons d'évasion fiscale, de favoritisme, de financement politique occulte, ainsi que ceux intéressant le traitement judiciaire de l'affaire et les dissensions apparues au sein de l'institution judiciaire, [...] que ces enregistrements, pratiqués de façon clandestine, ont, par leur localisation et leur durée, nécessairement conduit leur auteur à pénétrer dans l'intimité des personnes concernées et de leurs interlocuteurs ».

C'est pourquoi les magistrats concluent « que l'exigence de l'information du public dans une société démocratique [...], qui aurait pu être satisfaite par un travail d'investigation et d'analyse mené sous le bénéfice du droit au secret des sources, ne peut légitimer la publication, même par extraits, d'enregistrements obtenus en violation du droit au respect de la vie privée d'autrui » et « qu'il importe peu, enfin, que, depuis leur publication, les informations concernées aient été reprises, analysées et commentées par la presse, dès lors qu'il résulte de l'accès aux enregistrements litigieux par le biais du site www.lepoint.fr un trouble persistant à l'intimité de la vie privée de Liliane Bettencourt ».

Cette mise au point judiciaire n'a pas empêché les critiques et contestations de prospérer.

### *Des juges en recul*

Mais, depuis quelques années, la notion d'« intérêt général » s'est invitée en jurisprudence, sous la forme d'un obstacle à certaines poursuites en diffamation ou pour atteinte à la vie privée. Plusieurs décisions rendues par la CEDH se réfèrent à la notion d'intérêt général. Par surcroît, la Cour européenne reconnaît comme non diffamatoire ce qu'elle estime tenir « davantage des jugements de valeur que des déclarations de fait ».

La CEDH a ainsi estimé, le 10 novembre 2015, nécessaire de condamner une nouvelle fois la France. L'affaire portait sur la révélation, en 2005, de l'existence d'un enfant naturel du prince Albert de Monaco. Celui-ci avait saisi la justice française, fort de l'article 9 du Code civil, qui assène que « chacun a droit au respect de sa vie privée ». Et le tribunal de grande instance de Nanterre, la cour d'appel de Versailles puis la Cour de cassation avaient donné raison au justiciable monégasque.

La CEDH, en revanche, a jugé, dix ans plus tard, que l'information de cette naissance ne pouvait être considérée en soi comme une révélation ayant trait exclusivement aux détails de la vie privée d'autrui. Elle souligne la supposée valeur d'intérêt général de cette information d'une descendance masculine, au moins pour les « sujets de la principauté », concernant le prince Albert, « connu à l'époque comme étant célibataire et sans enfants ».

Autre exemple avec l'affaire, plus que connue, du cancer de François Mitterrand.

Le 18 mai 2004, une brèche au principe absolu du secret médical a été ouverte par la Cour européenne des droits de l'homme dans l'affaire du *Grand Secret*, ce livre coécrit par le médecin personnel de François Mitterrand, le fameux docteur Gubler. Le témoignage à charge avait été publié en 1996, moins de dix jours après le décès de l'ancien président de la République, et révélait comment ce dernier avait occulté la maladie dont il avait été victime pendant deux septennats.

Près de dix ans plus tard, la Cour européenne des droits de l'homme a condamné la France, en considérant que la mesure définitive d'interdiction de l'ouvrage du docteur Gubler, si elle était justifiée durant les semaines suivant le décès de l'ancien président, ne pouvait être maintenue indéfiniment. La mesure de censure ne répondait plus à « un besoin social impérieux » et se révélait donc « disproportionnée aux buts poursuivis ».

Et les arrêts de la Cour de cassation française ont commencé à suivre ce mouvement moins rigoriste, en particulier en considérant que « la bonne foi doit être appréciée en tenant compte notamment du caractère d'intérêt général ».

*Pierre Joxe innocent mais perdant*

Le comble a été atteint avec la décision de la Cour de cassation concernant Pierre Joxe, rendue le 11 mai 2022.

À l'origine de l'affaire, il y a une accusation d'agression sexuelle lancée par la fille de l'ancien ministre Éric Besson dans un post sur Internet :

« J'avais vingt ans. À cette époque, mon père était ministre. Il était très exposé médiatiquement, et je souffrais beaucoup de cette attention extrême, de ce climat polémique qui rôdait tout le temps autour de lui, de ma famille, et j'aurais mille fois préféré l'anonymat. Mais le seul privilège de ministre qui me consolait, le seul dont lequel [*sic*] j'étais heureuse de bénéficier, c'était l'opéra. Le merveilleux opéra de Paris invitait régulièrement les ministres à assister aux représentations, et mon père, qui connaît mon amour pour l'art lyrique, me faisait souvent bénéficier de la deuxième invitation. L'y accompagner était une joie immense. Ce soir-là, nous allions voir un Wagner à l'opéra de Paris, était-ce *Parsifal* ? Était-ce le *Ring* ?, et j'étais aux anges. Mais mon père a eu une urgence à gérer, et n'a pu me rejoindre qu'à l'entracte. Du coup, les sièges étaient rebattus, et quelqu'un s'est assis à ma droite, là où mon père aurait dû être.

« Je ne sais pas si vous connaissez l'opéra de Paris. Dans cette immense et magnifique salle, une rangée est considérée comme la “rangée VIP”. C'est la catégorie Optima, la première rangée du premier balcon, en plein milieu de la salle (et non pas devant la scène), avec personne devant vous sur plusieurs mètres. C'est la rangée la plus exposée, où on voit aussi bien qu'on est vu. Les ministres, les hautes personnalités, les stars, sont toujours placés là, et c'était un immense bonheur pour moi de pouvoir en bénéficier. J'insiste là-dessus pour expliquer que ce ne sont pas des places discrètes, où on serait caché dans l'ombre. Ce sont des places où tout le monde sait qui vous êtes et voit ce que vous faites. »

Et elle ajoute : « Un vieux monsieur à l'air éminemment respectable s'assoit donc à ma droite. Son épouse est à sa droite à lui. J'insiste. Son épouse est là. La représentation commence. Et au bout de dix minutes, le vieux monsieur a sa main sur ma cuisse. Je me dis qu'il doit être très âgé, perturbé. Je le repousse gentiment. Il recommence. Rebelote. Une troisième fois. Il commence à remonter ma jupe. Il glisse sa main à l'intérieur de ma cuisse, remonte vers mon entrejambe. J'enlève sa main plus fermement et je pousse un cri d'indignation étouffé, bouche fermée. Tout le monde me regarde. Il arrête. Dix minutes plus tard, il recommence. Je lui plante mes ongles dans la main. C'est un combat silencieux, grotesque, en plein opéra [...]. Wagner sur scène, le vieux pervers contre la gamine en pantomime dans la salle. [...] C'est un ancien ministre [...], membre de plusieurs gouvernements, qui a occupé des fonctions régaliennes, qui est une grande figure de gauche, décoré de l'Ordre national du mérite et de plusieurs autres Ordres européens. Une statue vivante. La représentation recommence, je suis tranquille, mais je n'arrive pas à me concentrer sur la mort des Dieux et les vocalises de la cantatrice. »

Puis elle donne des précisions sur l'identité de l'homme politique en question. Lequel l'assigne en diffamation, arrivant à démontrer que, s'il est bien un amateur d'opéra, lui et la jeune femme n'ont pas assisté au même spectacle et, *a fortiori*, à la même représentation !

Or, si le tribunal lui donne raison en première instance, la cour d'appel le déboute en indiquant qu'« il n'appartient pas à la cour de rechercher si les propos dénoncés par l'appelante sont réels ou imaginaires, mais uniquement si, compte tenu du contexte dans lequel ils ont été tenus, elle peut bénéficier de la bonne foi ». L'arrêt relève que, contrairement à ce qu'allègue la jeune femme, « cet opéra ne comporte pas de "mort des Dieux", de "vocalises" », que « Mme [...], qui met en avant son "amour pour l'art lyrique", ne se souvenait pas quel opéra de Wagner était représenté le soir des faits », qu'elle « a insisté sur l'existence d'un entracte, pendant lequel son père serait arrivé et où elle aurait changé de place, alors que l'opéra *L'Or du Rhin* est toujours exécuté sans entracte ». L'arrêt ajoute qu'« Il n'est produit aucun témoignage direct des faits et aucune attestation émanant de personnes présentes lors de la représentation, alors que Mme [...] avait écrit que tout le monde l'avait regardée et qu'elle avait, à la fin du spectacle, demandé à l'agent de sécurité de rechercher l'identité de l'homme qui était assis à ses côtés », et évacue ces erreurs factuelles et l'absence de témoignage direct au motif, insusceptible de combler la base factuelle manquante constatée, que « ces erreurs de fait, qu'elle a ensuite reconnues, ne sont pas de nature à discréditer l'ensemble de ses propos, dès lors qu'elle les exprime plus de sept ans et demi après les faits, cette durée faisant également obstacle à la recherche de témoins directs, tels que l'agent de sécurité ».

Et la Cour de cassation d'approuver ce raisonnement qui anéantit donc toute possibilité de se défendre, au motif qu'une (supposée) victime peut se tromper d'« agresseur ». Et Pierre Joxe, innocent, de perdre son procès.

## *Paul Ricœur et la* political correctness

Mais revenons un instant à la philosophie avec Paul Ricœur, qui conseille de distinguer le *prédicat bon* (éthique ; ordre du bien) du *prédicat obligatoire* (morale ; ordre de l'obligation). Spontanément, l'humain se souhaite davantage une bonne vie qu'il ne songe, par exemple, à s'interdire de mentir ou de tuer. Et pourtant, ces deux pensées doivent exister concomitamment — « l'optatif ne peut se dispenser de l'impératif » — en raison même des torts que se causent mutuellement les humains : « L'optatif du vivre bien ne peut dispenser de prendre en compte l'impératif du devoir, sous la forme négative de l'interdiction ou positive de l'obligation[1]. »

On peut parler ici d'une *règle de non-nuisance*[2], qu'il convient néanmoins de ne pas surinterpréter, au risque d'aboutir à « un immobilisme total, à une peur collective de mal faire paralysant toute initiative ». À l'appui de cela, Paul Thibaud cite l'*écologisme radical* ou encore la *political correctness*, sur laquelle je reviendrai longuement à propos des affaires touchant au sexe et à l'argent. Paul Thibaud met en garde contre une application « entièrement défen-

1. Paul Ricœur, « Morale, éthique et politique », *Pouvoirs*, n° 65, *op. cit.*
2. Paul Thibaud, « Citoyenneté et engagement moral », *Pouvoirs*, n° 65, *op. cit.*

sive des droits de l'homme » qui conduit à une « absolutisation du respect » : s'ensuit une multiplication des interdits induisant une « hypertrophie des subjectivités et des susceptibilités » dont nous pouvons régulièrement constater les effets sur les réseaux sociaux sous forme de lynchages des politiques.

Dès lors, la nécessaire sphère politique passe par une incarnation, donc une autorité qui aussitôt doit acquérir sa légitimité : c'est à ce croisement que la confrontation avec la morale individuelle se fait, et qu'entre en scène la sacro-sainte vertu. Éthique et politique sont généralement regardées comme des sœurs siamoises, « soit que l'on considère que tout pouvoir politique doit être justifié moralement, soit que l'on pense la politique comme extension du devoir individuel aux dimensions de la collectivité », analyse encore Olivier Dekens, qui cite Platon définissant « l'homme politique comme médecin de l'âme, dont la fonction est d'assurer le bonheur de la Cité par la justice, et non la justice pour elle-même[1] ».

*Politique et médecine de la vertu*

Par déduction, le politique est chargé d'éradiquer la maladie nommée injustice, cause du malheur humain, ce qui, au-delà de la fonction de guérisseur, lui confère une responsabilité déontologique considérable — le politique doit-il, pour assurer leur félicité, rendre les citoyens vertueux ?

Ce débat est crucial, car même si la controverse remonte

1. *La Morale, le droit et la politique, op. cit.*

à quelques lustres — l'homme peut être considéré comme la « seule source de droit » ; ce qui est légal n'est pas automatiquement moral ; « le bonheur n'est pas la justice[1] » —, il continue de susciter nombre de polémiques et de confusions qui aboutissent à ce que d'aucuns nomment la *dictature* (ou la *tyrannie*) de la transparence. En effet, si le bonheur social s'obtient par la vertu, le politique cherchant à moraliser les individus pour leur bien se doit d'être lui-même irréprochable.

Olivier Dekens réfute le fait que « l'amélioration de l'individu » soit le « propre » du politique, car selon lui « une communauté doit pouvoir être juste sans attendre la vertu des citoyens ». Et quant aux errements humains, « l'institution du politique se présentera, contre les conséquences néfastes d'une nature laissée à elle-même, comme ce qui préservera les chances de survie des individus[2] ».

Cette ambition-là — la politique comme une sorte d'assurance-vie — semble en effet plus raisonnable : qui peut encore croire, en 2023, que le pouvoir politique ait la charge de la réalisation du bonheur de chacun ?

Je pose cette question de façon ironique, car l'augmentation constante du nombre d'agressions physiques à l'encontre des élus de la République (attaques de permanences électorales, menaces de mort, etc.) semble indiquer justement cette revendication : non seulement les politiques auraient la charge de notre accès à la plénitude — nous y avons droit, c'est le mot d'ordre —, mais encore ils devraient prendre en considération chacun de nos pro-

1. Position de Calliclès, troisième interlocuteur de Socrate dans le *Gorgias* de Platon (*ibid.*).
2. *Ibid.*

blèmes individuels et les considérer comme fondamentaux pour tous — ce qui relève de l'hérésie, sauf à imaginer que l'addition des cas particuliers suffit à établir la règle générale.

*Vers une « délégitimation du mode représentatif »*

Les chiffres communiqués par le ministère de l'Intérieur sont édifiants : en 2021, les agressions physiques contre les élus ont augmenté de 47 %. 1 186 élus sont concernés, dont 162 parlementaires et 605 maires[1].

Comment ce phénomène, qui conteste le pouvoir conféré de façon démocratique à des représentants élus, dont la fonction, pour ce qui est des parlementaires, est de légiférer pour tous, peut-il être analysé ? Il apparaît qu'une partie de la population juge admissible le recours à la violence pour exprimer son désaccord. De fait, est remise en cause la légitimité de l'autorité de la chose publique, ce qui implique un vacillement du socle de notre démocratie et de l'État de droit. Ce déploiement de la haine vis-à-vis des politiques s'exprime également par la remise en cause voire la négation de décisions approuvées par une majorité : chacun se vit désormais comme prépondérant, et le revendique comme tel — là est peut-être la nouveauté.

Émeric Bréhier, ancien député socialiste, évoque une « délégitimation du mode représentatif », couplée à un « tréfonds d'antiparlementarisme puissant », qui s'explique en partie par « l'affaissement » des structures inter-

1. France Bleu, 11 janvier 2022, https://www.francebleu.fr/infos/politique/les-violences-contre-les-elus-en-forte-hausse-en-2021-1641879421.

médiaires : « Quand tout se résume à l'affrontement de personnes, même si cet affrontement est fondé sur des divergences idéologiques, quand vous n'avez pas de structure d'intermédiation entre le peuple et les responsables politiques, cela place ces derniers à portée de coup de fusil[1]. »

Cette recrudescence de l'irrespect — pour commettre un euphémisme — envers les politiques implique-t-elle pour autant un rôle accru de ces derniers dans le domaine de la morale ? Certains sont catégoriques : « la fin du politique n'est pas celle de la morale » car si, « pour instituer une communauté, il faut attendre de chaque homme une parfaite vertu, cette communauté ne sera jamais possible » — et de conclure que « le politique doit être légitime sans rien changer de la moralité des citoyens, ni rien attendre d'eux que le souci bien compris de leur propre intérêt[2] ».

Mais alors, si le politique est en quelque sorte exonéré de toute mission visant à améliorer le genre humain dans la perspective d'une cohabitation paisible, quel est donc son rôle ?

Là encore, le recours aux textes classiques permet de raisonner. S'appuyant sur Kant et Spinoza (ce dernier, « conscient qu'il est illusoire de vouloir changer l'homme », propose de chercher à « établir l'État de droit de manière rationnelle mais sans exiger que la masse des citoyens agisse rationnellement »), Olivier Dekens résume l'action du politique au fait de garantir la sécurité des individus quels qu'ils soient — cet objectif rationnel devant pouvoir

1. *L'Obs*, 25 janvier 2022, https://www.nouvelobs.com/politique/20220125.OBS53658/agressions-de-deputes-une-partie-de-la-population-considere-que-la-violence-contre-les-elus-est-legitime.html.

2. *La Morale, le droit et la politique*, *op. cit.*

être atteint « sans la raison des individus », car « un homme mauvais doit pouvoir être un bon citoyen » (et « un peuple de démons » constituer un État de droit, affirme Kant).

Qu'importe qu'une personne soit intimement « mauvaise », du moment qu'elle participe activement et de façon bénéfique à la vie de la cité : la citoyenneté relève davantage du statut juridique que d'un faisceau de vertus personnelles.

Ces dernières assertions sont-elles applicables aux politiques eux-mêmes ? Car, après tout, les principes s'appliquent autant à ceux qui légifèrent qu'au bon peuple tenu de respecter les règles de la citoyenneté. Nous aurons l'occasion d'y revenir en détail — notamment à propos de qui décide si un homme est « mauvais » ou non, à une époque où justement ce type de pouvoir semble désormais tenu par les réseaux sociaux, tribunal fondant presque exclusivement ses avis sur l'émotion. Spinoza n'aurait peut-être rien à y redire, lui qui estime qu'« un ensemble de citoyens conduits par leur sensibilité est tout à fait à même de construire une institution politique *légitime*[1] ».

### *Citoyenneté et « faute morale »*

Attardons-nous un instant sur cette notion de « citoyenneté » — donc en principe distincte de celle de la morale — au cœur de l'action du politique, car elle a fait couler beaucoup d'encre à la suite d'une déclaration du président de la République visant les personnes réfractaires à la vaccination contre la Covid-19.

1. *Ibid.*

L'« obscurcissement » de la définition et de ce que recouvre exactement la citoyenneté ne date pas d'hier — pas plus que les questionnements à propos de la neutralité ou non de l'État en matière de morale qui ont fait suite aux « incertitudes exprimées » par la Révolution, explique le chercheur Lucien Jaume[1]. Pour Robespierre, « le fondement unique de la société civile, c'est la morale ». À ce moment-là, la citoyenneté passe du statut de fonction sociale à celui de principe de vie d'un bout à l'autre moralisée, la vertu étant posée comme norme universelle.

Emmanuel Macron, déclarant d'emblée qu'il a « très envie d'emmerder » les non-vaccinés, accuse ces derniers de commettre « une immense faute morale », car « ils viennent saper ce qu'est la solidité d'une nation ». Le président ajoute que leur conception de la liberté menace celle des autres : à ce titre, il les qualifie d'irresponsables. Et de conclure de manière implacable qu'« un irresponsable n'est plus un citoyen[2] ». Par cette affirmation il consacre à la fois le fameux pass vaccinal en label de citoyenneté et institue comme valeur officielle de la République la stigmatisation et le bannissement d'une partie du peuple, alors même que la vaccination n'est pas obligatoire en France et que les non-vaccinés n'enfreignent aucune loi.

Ne nous trompons pas sur le fait que je suis un ardent défenseur de la vaccination (et de l'esprit de progrès scientifique), ayant eu à en débattre, notamment avec l'archétype d'« antivax » qu'est le néodéputé végan Aymeric Caron, comme invité régulier des plateaux des chaînes d'in-

1. Lucien Jaume, « Morale publique et morale privée dans le libéralisme », *Pouvoirs*, n° 65, *op. cit.*

2. *Le Parisien*, 4 janvier 2022.

formation. Une trahison de notre héritage républicain et une désignation officielle des « ennemis de la Nation » qui n'ont pas d'équivalent dans l'histoire de la Vᵉ République, s'alarme l'essayiste Mathieu Slama[1]. Selon lui, il s'agit d'une régression démocratique, d'une « rupture incroyable avec le principe de l'indivisibilité de la République et de la citoyenneté » — il cite à ce sujet les propos[2] de l'ex-défenseur des droits Jacques Toubon : « La citoyenneté est aussi indivisible que la République. Son principe fondamental est que les citoyens sont égaux et qu'il n'y a pas de citoyens moins citoyens que d'autres. »

Or, dans ce cas précis, Emmanuel Macron devient, par ses déclarations, le président d'une partie des Français seulement — les autres étant de dangereux « irresponsables » et une menace à combattre. Mathieu Slama dénonce — et il n'est pas le seul — une « faute morale impardonnable et irréparable ». Il pointe surtout un changement de modèle politique où « les citoyens ont des devoirs avant d'avoir des droits, où la liberté individuelle s'efface au profit de l'intérêt collectif, où l'état d'exception devient la nouvelle norme de gouvernementalité », et enfin où « l'idée même de liberté est devenue relative, transformée en une "*permission*" accordée par le gouvernement selon notre bonne conduite[3] ».

Ce cas de figure est une illustration pertinente de la com-

1. « En faisant des non-vaccinés des ennemis de la nation, le Président se pose en diviseur des Français », *Le Figaro*, 5 janvier 2022, https://www.lefigaro.fr/vox/politique/en-faisant-des-non-vaccines-des-ennemis-de-la-nation-le-president-se-pose-en-diviseur-des-francais-20220105.

2. Tenus à l'occasion des débats autour de la déchéance de nationalité en 2016.

3. « En faisant des non-vaccinés des ennemis de la nation, le Président se pose en diviseur des Français », art. cité.

plexité du débat. D'un côté, Emmanuel Macron, en tant que président des Français, se doit de garantir leur sécurité et, d'un autre, il introduit dans la gestion de ce critère une bonne dose de morale, en plaçant au ban de la société plusieurs millions de personnes sans qu'elles aient bafoué aucune loi.

Au bout du compte, ce qui sera retenu, c'est le tri entre bons et mauvais citoyens, selon un jugement fondé sur la perception émotionnelle du Bien et du Mal en lieu et place de l'application d'une loi. Ainsi que le résume Olivier Dekens dans une formule qui permet de démêler l'écheveau en matière de droit et de morale : « Si l'obéissance est mue par le respect du devoir comme devoir, il y a morale ; si elle relève plutôt d'une contrainte extérieure, il y a droit[1]. »

La tâche demeure malgré tout ardue dans les faits, car établir, à l'instar du philosophe Kant[2], une distinction 100 % irréfutable entre « doctrine du droit » et « doctrine de la vertu » relève de la même complexité que lorsqu'il s'agit de séparer nettement morale et politique. Là encore, Olivier Dekens nous offre une synthèse éclairante : « Le droit et l'éthique ont le même objet, la volonté. Mais alors que les lois juridiques portent sur l'exercice extérieur de la liberté, s'assurant de la conformité des actions au droit — la légalité —, les lois éthiques évaluent la pureté morale des mobiles de l'action, c'est-à-dire leur accord intérieur avec la forme universelle de la loi — la moralité[3]. »

1. *La Morale, le droit et la politique, op. cit.*
2. *La Métaphysique des mœurs.*
3. *La Morale, le droit et la politique, op. cit.*

*La résurgence d'un vieux débat*

En somme, derrière les propos du président de la République, jugés triviaux voire choquants au regard du désir jupitérien (« les non-vaccinés, j'ai très envie de les emmerder »), c'est tout le vieux débat opposant Platon et Aristote (aristocratie contre démocratie) qui resurgit.

Rappelons que pour Platon le régime idéal est l'aristocratie, qui s'appuie sur le savoir et la raison pour la mise en œuvre d'une politique dite élitiste, née de sa vision de l'homme composé de trois parties : 1) les besoins/désirs (partie animale) ; 2) le cœur (courage) ; 3) la tête (savoir). Lesquelles correspondent aux trois classes de la société : 1) les paysans, artisans ou commerçants ; 2) les guerriers ; 3) les philosophes. C'est à ces derniers qu'est confiée la charge de diriger la cité, tandis que les guerriers assureront sa défense et le peuple sa subsistance.

Aristote défend au contraire une forme de pouvoir venant *d'en bas* et confiée aux plus nombreux, c'est-à-dire aux pauvres. Le savoir n'est en aucun cas un critère de discrimination ni de distinction, car pour Aristote tout un chacun est capable de raisonnement, et la société ne comporte que deux classes : les riches ; les pauvres. La somme des rationalités de tous les individus débouche sur une rationalité collective : c'est la démocratie, qui établit entre tous l'égalité des droits politiques.

Cette petite remise en mémoire d'une opposition de pensées légendaire autorise à s'interroger sur la pertinence du *en même temps*, socle fondateur d'une nouvelle école de pensée politique à mi-chemin entre Platon et Aristote. Il sera intéressant, en tenant compte de la déflagration causée par la crise des Gilets jaunes[1], d'observer si ce moralisme censé partager le pouvoir entre élites et *gens d'en bas* ne débouchera pas sur une forme de *populisme soft* menée par « le président des riches ».

Cécile Cornudet, éditorialiste aux *Échos*, évoque « deux France irréconciliables », dont une « décrocheuse, ayant rompu avec tout ce qui constitue celle "d'en haut" : ses sources d'information, ses raisonnements, son langage[2] ». Reste à savoir si la réélection d'Emmanuel Macron en avril 2022 sera susceptible de modifier ou non ces paramètres en apparence figés, sachant que le bon fonctionnement du pouvoir réclame de la part des citoyens une adhésion à ce qu'Olivier Dekens[3] nomme « la légitimité de sa puissance », et qu'il faut pour cela que cette légitimité soit fondée : « Dieu, la nature et la raison ont, parfois ensemble, servi de fondement. » « La première des formes de légitimation du pouvoir trouve son expression la plus claire dans la lettre de saint Paul aux Romains, au chapitre 13 (1-2 ; Bible de Jérusalem) : "Il n'y a point d'autorité qui ne vienne de Dieu, et celles qui existent sont constituées par Dieu. Si bien que celui qui résiste à l'autorité se rebelle contre l'ordre établi par Dieu" », nous

1. Le mouvement des Gilets jaunes, qui a trouvé son origine dans la flambée des prix des carburants, a pris naissance sur les réseaux sociaux à l'automne 2018 et connu son apogée le 17 novembre, avec plus de 290 000 manifestants un peu partout en France. Occupation des ronds-points, blocage de centaines de sites, manifestations : la fronde n'a fait que croître et embellir chaque samedi, entraînant 11 morts et 2 500 blessés (dont 24 ont été éborgnés et 5 ont eu une main arrachée). Source : Amnesty International, https://www.amnesty.fr/liberte-d-expression/actualites/gilets-jaunes-un-bilan-inquietant. Le mouvement a suspendu ses actions au moment du premier confinement de 2020 mais n'est pas éteint.

2. *Les Échos*, 15 novembre 2019.

3. *La Morale, le droit et la politique*, *op. cit.*

explique Dekens. C'est sur ce principe que s'appuient les régimes *théocratiques*, qui « identifient l'exercice du pouvoir juridique à une forme d'exercice de la puissance divine [...]. Sous son mode le plus pur, cette soumission du politique au divin est à l'exact opposé du processus d'autonomisation du politique. [...] Elle induit de plus des risques considérables de dérive, puisque aucun contre-pouvoir ne peut légitimement limiter et équilibrer la puissance de Dieu[1] ».

Depuis Rousseau et son célèbre *Contrat social* — formule qui, aujourd'hui encore, consacre le peuple *souverain*, à l'intérieur duquel chacun œuvre pour une volonté générale faite de souhaits particuliers unis ou divisés mais en vue d'un intérêt commun nommé République —, l'égalité morale entre tous les citoyens doit être la référence. Le droit en tant que tel est donc le « moyen spécifique » du politique qui doit recueillir l'adhésion des citoyens, et avec Rousseau, commente là encore Olivier Dekens, « cette adhésion est la plus complète quand elle se fait identification, quand en se soumettant au droit, le citoyen se soumet à lui-même », sachant que le pouvoir politique « doit être limité par les mêmes droits qui lui ont donné une légitimité[2] ».

### *Éthique, humanisme, conscience universelle*

Si je me risque à une schématique synthèse des liens entre politique, droit et morale à l'échelle du citoyen, on

1. *Ibid.*
2. *Ibid.*

peut en déduire que, certes, nul besoin d'être un modèle de vertu pour être un honorable citoyen, mais il faut tout de même se comporter dans le sens de l'intérêt commun, avec ce que cela suppose comme obligations — lesquelles se différencient de l'observation d'une quelconque moralité mais sont indispensables au *bien-vivre ensemble*. La nuance est ténue, ce qui explique le nombre de débats houleux que cette question provoque au nom, finalement, de notre devise : liberté, égalité, fraternité. Le respect des lois répondant aux exigences de vie commune ne doit pas exclure l'expression des singularités, et l'une des missions inconfortables du politique est justement d'incarner la liaison entre deux sphères parfois/souvent opposées : éveiller en chacun la « sensibilité au bien commun dont on pourrait dire, *in fine*, qu'elle n'est qu'un autre nom de la *justice*[1] ».

La morale en politique est d'autant plus délicate à gérer qu'elle peut être utilisée comme arme dans le but, par exemple, de détruire un régime. L'historien René Rémond explique que « si le régime de Napoléon III a perdu la guerre, ce n'est pas seulement par imprévoyance ou impéritie, c'est aussi qu'il a contrevenu à des règles morales[2] ». « On lui reproche tout ce qui fait l'envers du décor et est la contrepartie de la prospérité : la fièvre spéculative, les coups de bourse, l'enrichissement facile des "nababs", le scandale des expropriations immobilières, les "comptes fantastiques" de Haussmann [...], la ruine des petits épargnants grugés par des aigrefins[3] » — ainsi, « la défaite sanctionne la frivo-

1. *Ibid.*
2. René Rémond, « L'arme de la morale en République », *Pouvoirs*, n° 65, *op. cit.*
3. *Ibid.*

lité et l'immoralité de la fête impériale ». Quel que soit le bord politique, l'exigence de « rigueur morale » s'impose mais se traduit différemment : la droite catholique invite à revenir aux préceptes édictés par l'Église, repentance en tête ; la gauche républicaine au contraire écarte toute idée de culpabilisation globale et appelle à fonder une morale nouvelle s'appuyant sur la « responsabilité personnelle ». Tout le monde s'accorde alors à penser que la morale doit être enseignée. Les républicains, sans vouloir briser la colonne vertébrale des valeurs traditionnelles, ne justifient pas l'application de ces dernières par l'existence de Dieu et n'accordent pas davantage une légitimité à l'Église pour les régenter. Pour eux, c'est la conscience universelle qui doit constituer le levier de validation. La patrie comme la République appellent « une autre éducation morale, qui suscite l'initiative, qui éduque le raisonnement critique ». C'est ce qui fondera l'enseignement public, gratuit et obligatoire — programme de réalisation auquel s'attelleront les républicains dès qu'ils seront aux manettes du pouvoir en 1879. René Rémond note que les principes de cet enseignement laïc ne contredisent pas ceux de l'éducation religieuse : « Les manuels dispensent d'excellents conseils sur l'honnêteté, le respect du bien d'autrui, la valeur du travail, les égards à témoigner aux vieillards[1]. »

Dans ce registre, le mémorable *Tour de France par deux enfants* influencera de nombreuses générations. « L'école républicaine s'érige en autorité morale autonome », souligne Rémond[2] : « Le maître d'école remplace le prêtre comme officier de morale publique. Le conflit entre l'insti-

1. *Ibid.*
2. *Ibid.*

tuteur et le curé, ces deux figures emblématiques, illustre le conflit entre les deux morales » — et l'historien de conclure avec beaucoup de pertinence que « l'intention morale a bien été une composante essentielle de l'instauration de la République et la noble ambition des républicains ».

René Rémond[1] souligne également — ce qui nous permet peut-être de regarder la fronde des Gilets jaunes à l'aune de cette revendication — que la tradition du mouvement ouvrier au XIXe siècle repose sur une « exigence proprement morale » présente entre autres chez le penseur Proudhon, dénonciateur de l'égoïsme de la bourgeoisie, de sa « cupidité prête à sacrifier les hommes au gain », sans oublier « l'appétit du lucre » dont il sera longuement question dans le présent ouvrage. Il s'agit de répudier un certain nombre de mots en « -isme » — capitalisme ; cynisme ; machiavélisme ; matérialisme — mais pas tous, puisque du refus des précités naîtra la notion de socialisme, « qui n'est pas seulement un autre mode d'organisation de la production et des rapports sociaux, mais une éthique et même un humanisme » — « un progrès de la conscience universelle » que chercheront à mettre en œuvre Jean Jaurès et Léon Blum.

### *La corruption, maladie génétique du politique ?*

Aujourd'hui comme hier, l'intention de pureté (ou de « transparence »), érigée comme une sorte de commandement applicable sans dérogation à la sphère politique, s'est inévitablement retournée contre ceux qui la brandissaient.

1. *Ibid.*

Usure du pouvoir, tentations trop grandes, recours au copinage et autres réseaux souterrains : le règne des « affaires » finit toujours par s'imposer, les fiers défenseurs de l'honnêteté républicaine sont bientôt qualifiés de voleurs, et ce quelle que soit l'époque, comme nous aurons l'occasion de le voir dans des développements sur l'argent des politiques et les scandales qui y sont associés. Les oppositions s'appuient alors, plutôt que sur un programme de changement, sur l'indignation des *honnêtes gens* face aux dossiers de corruption. À cela il faut ajouter l'extrême déception de ceux qui croient sincèrement en la vertu de la République, et dont le jugement à l'égard des « traîtres » est impitoyable. René Rémond cite le cas de l'écrivain Charles Péguy qui « ne pardonna pas à ses anciens amis, à ses compagnons d'armes dans le combat pour Dreyfus, d'avoir ensuite tiré profit de leur victoire et d'avoir dénaturé la lutte généreuse et désintéressée en moyen de conquérir des places[1] ».

Charles Péguy soutiendra dès le départ la cause dreyfusiste[2] et, après avoir tant admiré et adulé Jaurès, n'aura de cesse de l'accabler d'attaques d'une violence inouïe. Jaurès sera même son « premier adversaire », selon lui responsable de la « décomposition du dreyfusisme » ayant plongé

1. *Ibid.*

2. Rappelons brièvement qu'Alfred Dreyfus (1859-1935), officier militaire français de confession juive, fut accusé de trahison au travers d'activités d'espionnage en faveur de l'Allemagne. Il clama son innocence mais fut condamné, dégradé et emprisonné au bagne de l'île du Diable, en Guyane. Ce n'est que huit ans plus tard qu'il sera enfin blanchi. Cette affaire secouera et divisera profondément les Français entre 1894 et 1906 — avec un moment clé : le fameux « J'accuse » d'Émile Zola, publié le 13 janvier 1898 dans le journal *L'Aurore*, qui dénonce « la machination » ourdie contre Dreyfus. À la suite de cette parution, Zola sera comdamné à un an de prison et 3 000 francs d'amende pour diffamation.

la France dans la « déliquescence morale et politique », explique l'historien Christophe Prochasson[1].

Il va jusqu'à déclarer : « Je crois Jaurès très capable de trahir tout le monde, et les traîtres mêmes », tout en dénonçant sa rhétorique « factice » et « théâtrale ». Les observateurs de cette querelle y voient — et c'est intéressant pour notre débat — la différence de milieu qui sépare les deux hommes, avec d'un côté « un Péguy "peuple", issu d'un milieu en ascension sociale », et de l'autre « un Jaurès "héritier", petit-cousin d'amiraux, mais en déclin social ».

À quel moment la rupture sera-t-elle consommée ?

Il semble qu'elle date du vote par la Chambre, le 18 décembre 1900, de l'amnistie concernant toutes les procédures judiciaires liées à l'affaire Dreyfus — un « oubli dans la cité » que Jaurès approuve, remettant à un moment plus favorable la réhabilitation d'un innocent et la sanction des vrais responsables.

« Ce sens de l'opportunité politique, Péguy ne le partage point et y décèle même la dégradation de la mystique en politique, le déclassement de la Cause remplie de dignité, son ravalement à l'état de petite affaire politicienne mise sous la coupe du jeu parlementaire[2] », analyse encore Christophe Prochasson. Il ne pardonna jamais à Jaurès ce qu'il considérait « comme un crime ou un péché originel ».

L'avènement, en 1920, du Parti communiste modifiera-t-il l'aspiration des classes populaires de la société à une moralisation de la sphère politique ? L'idéal communiste s'est en partie nourri des revendications du mouvement

1. « Le miroir brisé : retour sur la relation Péguy-Jaurès », *Cahiers Jaurès*, n° 217, 2015/3, https://www.cairn.info/revue-cahiers-jaures-2015-3-page-89.htm.

2. *Ibid.*

ouvrier, notamment en ce qui concerne *l'immoralisme intrinsèque* de la société bourgeoise. « En supprimant l'exploitation de l'homme par l'homme, en mettant fin à la lutte des classes, le prolétariat fera disparaître toutes les tares morales qui étaient le produit du capitalisme et naîtra un homme nouveau qui ne connaîtra plus les mauvais sentiments auxquels le capitalisme condamnait les exploiteurs du peuple et par ricochet les prolétaires[1] », résume René Rémond. À cet ambitieux dessein est couplée une glorification des *vertus désintéressées* comme l'entraide et la solidarité — mais aussi la chasteté et la pudeur.

C'est ainsi que les exigences morales du Parti communiste se transforment en moralisme, dont il ressort clairement la condamnation du libertinage et autres *désordres sexuels.* « Sous le règne de Maurice Thorez[2] et de sa compagne Jeannette Vermeersch, le parti adopte des positions que l'on peut dire puritaines », précise encore Rémond.

Mais parallèlement, s'écartant ainsi des principes du mouvement ouvrier et du socialisme, il s'autorise à passer outre l'éthique si c'est dans l'intérêt du prolétariat : « Le seul impératif moral, supérieur à tout, et qui justifie tous les comportements, est d'atteindre les objectifs qui permettront, avec la conquête du pouvoir, la transformation de la société[3] » — démarche marxiste qui implique un bouleversement de l'échelle de valeurs ancestrales et communes aux morales laïque et chrétienne.

1. René Rémond, « L'arme de la morale en République », art. cité.
2. Secrétaire général du Parti communiste de 1930 à 1964.
3. René Rémond, « L'arme de la morale en République », art. cité.

*Le PCF d'antan et le droit des femmes à disposer de leur propre corps*

J'ai déjà écrit sur cette redoutable dialectique morale du PCF des années 1950, en travaillant à une biographie de Pierre Simon, immense médecin humaniste qui fut un acteur essentiel du droit des femmes à disposer de leur propre corps[1].

Le plus frappant a été le combat contre le journaliste communiste Jacques Derogy, auteur d'abord d'une série d'articles sur le procès durant lequel témoigne la docteure Marie-Andrée Lagroua Weill-Hallé, elle aussi cible du PCF encore si stalinien.

Car cette femme a découvert aux États-Unis les travaux de Margaret Sanger sur les débuts de la contraception orale (ancêtre de ce qui deviendra la pilule, en 1960), et elle s'est documentée également sur la Family Planning Association avant de participer à la création de l'association La Maternité heureuse, qui deviendra bientôt le célèbre « planning familial ». Gynécologue, elle ne compte plus le nombre de patientes qui viennent la voir, enceintes et désespérées, et la supplient de les aider, mais pour qui elle ne peut rien faire. Elle finit par trouver ce désespoir contagieux…

Sa réflexion prend une tournure plus militante et radicale en 1955, lorsqu'elle est appelée à la barre lors d'un procès pour infanticide. Sur le banc des accusés : une femme poursuivie pour avoir laissé mourir de faim son quatrième enfant. Lorsqu'elle comparaît, elle est enceinte

1. Emmanuel Pierrat, *Pierre Simon, médecin d'exception. Du combat pour les femmes au droit de mourir dans la dignité*, Don Quichotte, 2018.

du cinquième. Sa défense est d'une atroce simplicité : elle n'a pas les moyens de nourrir autant de bouches, et n'a ni le droit d'utiliser des moyens de contraception, ni celui d'avorter. Bien sûr, elle n'appartient pas aux classes favorisées, pour lesquelles ce genre de désagrément ne coûte que le prix d'un billet de train ou de bateau.

L'affaire, sordide, défraie la chronique.

Au cours du procès, Marie-Andrée Lagroua Weill-Hallé profite de son statut de témoin pour interpeller la cour à propos de « la responsabilité de la loi française qui interdit toute information sur les méthodes contraceptives couramment pratiquées à l'étranger[1] ». La presse donne de l'écho à ses propos. Jacques Derogy écrit dans *Libération* plusieurs articles consacrés à l'avortement. Ils entraînent une véritable marée de réactions. Les textes de Derogy sont le point de départ d'une enquête plus longue, qui sera publiée en 1956 aux Éditions de Minuit sous le titre *Des enfants malgré nous*, avec une préface de Marie-Andrée Lagroua Weill-Hallé.

La Maternité heureuse devait être une association non mixte exprimant clairement le message selon lequel si les femmes veulent obtenir des avancées dans les domaines qui les concernent directement, elles doivent le faire de manière autonome, sans chercher de l'aide auprès des hommes.

Bien sûr, aussitôt l'association créée, et avant même que ne soient entamées les premières actions, toutes sortes d'opposants se déclarent. Le jour même où sont déposés

1. Caroline More, *Sexualité et contraception vues à travers l'action du Mouvement français pour le Planning familial de 1961 à 1967*, Éditions de l'Atelier, 2004.

les statuts à la préfecture de police, le 8 mars 1956, tombent les premiers coups de bâton !

Le 8 mars, depuis 1920, a lieu la Journée mondiale des femmes. La date semble donc appropriée. Mais Marie-Claude Vaillant-Couturier, communiste, résistante, ancienne déportée, qui justement prononce à cette occasion un discours à la Mutualité, ne semble pas du même avis, puisqu'elle profite de sa prise de parole pour dénoncer cette nouvelle association en des termes chargés de violence et de venin. Le lendemain, c'est *L'Humanité*, sous la plume de Jean Freville, qui porte le second coup, titrant « L'épouvantail malthusien[1] » !

Tandis que le livre de Jacques Derogy, *Des enfants malgré nous*, subit les foudres de Maurice Thorez lui-même ! « Je ne pense pas que votre ouvrage contribue à libérer la femme ni à servir le communisme, [...] devant les théories barbares du néo-malthusianisme américain, vous, camarade Derogy, n'éprouvez aucun sentiment d'indignation, aucune colère [...]. Tout en stigmatisant les lois répressives de la bourgeoisie qui frappent surtout les malheureux et en réclamant leur abolition, les communistes condamnent les conceptions réactionnaires de ceux qui préconisent la limitation des naissances et cherchent ainsi à détourner les travailleurs de leur bataille pour le pain et le socialisme. [...] Comme votre livre contribue à propager des illusions que notre Parti communiste n'a cessé et ne cessera de combattre, vous ne me tiendrez pas rigueur si cette lettre est publiée. Il ne nous semble pas superflu de rappeler que le chemin de la libération de la femme passe par les réformes

1. Évelyne Sullerot, *Le Grand Remue-ménage. La crise de la famille*, Fayard, 1997.

sociales, par la réforme sociale, et non par les cliniques d'avortement[1]. »

Pour un compagnon de route tel que Derogy, la douche est plus que froide. Et ça n'est pas terminé ! C'est au tour de Jeannette Vermeersch, épouse de Maurice Thorez, vice-présidente de l'Union des femmes françaises et députée communiste (circonscription de la Seine), d'enfoncer le clou : « Le *Birth Control*, la maternité volontaire, est un leurre pour les masses populaires, mais c'est une arme entre les mains de la bourgeoisie contre les lois sociales. [...] Depuis quand les femmes travailleuses réclameraient le droit d'accéder aux vices de la bourgeoisie ? Jamais[2] », dira-t-elle à l'Assemblée nationale.

N'en jetez plus !

Il faut dire que les raisons de s'opposer au contrôle des naissances ne manquent pas : il y a ceux qui redoutent que toute cette histoire ait pour conséquence une chute brutale de la natalité et l'effondrement des mœurs (les moins inquiets, eux, ne prophétisent que la disparition de la famille telle que nous la connaissons — bonne nouvelle, elle a survécu ! Tout comme elle survivra, quelques années plus tard, au « mariage pour tous »). Il y a ceux qui y voient un pur et simple blasphème à l'égard de Notre Seigneur. Et il y a l'Ordre des médecins, si cher au cœur de Pierre Simon. Lui, sans qu'on comprenne bien ses arguments, trouve parfaitement inadmissible qu'un médecin se mêle de telles sottises — mais qu'importent les arguments, dès lors qu'on possède l'autorité ! Marie-Andrée Lagroua Weill-

1. Lettre parue dans *L'Humanité* du 2 mai 1956, http://librepensee06.over-blog.com/2014/12/le-docteur-fabre-la-libre-pensee-et-le-planning-familial.html.

2. Repris par *L'Humanité* du 10 avril 1956.

Hallé en fait l'expérience, puisque son élection au poste de présidente de l'association La Maternité heureuse est saluée par un blâme à l'objet pour le moins novateur : il lui est reproché... de faire sa « propagande personnelle[1] ».

Les attaques provenant des milieux catholiques et réactionnaires sont prévisibles, et prévues, tandis que celles émanant de l'Ordre des médecins confortent les fondateurs de La Maternité heureuse dans leur résolution. En revanche, l'hostilité des communistes les surprend et les déçoit. Ils ne s'attendaient pas à ce que les charges les plus violentes et les plus injustes proviennent de ce parti, dont jusqu'à présent ils s'étaient souvent sentis très proches.

À propos du PCF, est-ce pour donner le change ou pour couper l'herbe sous le pied de La Maternité heureuse que les députés communistes proposent le 25 mai 1956 une loi qui se voudrait progressiste mais qui n'est qu'un camouflet ? (Et qui n'a évidemment pas été acceptée.) À moins que ce soit par pure tactique, pour braquer une fois pour toutes l'opinion publique quant à ces idées. L'article 5 proposait notamment que lorsqu'une femme mariée, déjà mère de trois enfants, se trouvait en état de santé déficient ou constituait un cas social, elle puisse recourir à l'avortement afin d'interrompre sa grossesse. Un évident manifeste féministe...

1. Évelyne Sullerot, *Le Grand Remue-ménage, op. cit.*

Au travers de toutes ces expériences historiques, est-il au fond loisible d'établir une définition crédible de ce qu'est la morale en politique ?

René Dosière, qui porte un regard avisé sur la fonction de député ainsi que sur celle, qui fut la sienne, de vice-président de l'Assemblée nationale, en liste les ingrédients nécessaires et les conditions d'application.

« Une politique morale, écrit-il, c'est une politique où ceux qui invoquent des préceptes pour les autres se décident à se les appliquer à eux-mêmes [...], c'est une politique de l'exemplarité, de l'exigence, de la vérité et de l'humilité [...] qui respecte les électeurs en s'adressant à leur raison, plutôt qu'à leurs émotions [...], qui ne simplifie pas ce qui est complexe, mais qui explique, avec pédagogie, ses orientations. Une politique morale ne promet pas ce que l'on sait ne pas pouvoir tenir [...], n'exige pas la sainteté, qui est d'une autre nature, mais se satisfait de la volonté de servir, et non pas de se servir[1]. »

Il place également au cœur du bon fonctionnement d'une démocratie le lien de confiance entre le peuple et ses responsables politiques, dénonçant au passage les pratiques contemporaines de certains d'entre eux qui n'hésitent pas, par exemple, à répandre de fausses informations par le biais des réseaux sociaux. Il s'agit des fameuses *fake news* ou infox, suspectées d'avoir — même si nombre d'études sur ce sujet se contredisent —, entre autres, orienté le vote en faveur du Brexit au Royaume-Uni, et celui au béné-

1. René Dosière, *Argent, morale, politique*, Seuil, 2017.

fice de Donald Trump aux États-Unis en 2016. La question de l'influence directe des *fake news* sur le vote des citoyens fait l'objet d'innombrables études dont il ne ressort aucune certitude. Mais notons qu'en 2021, face aux « ingérences numériques venant de l'étranger » et visant à « déstabiliser l'État », la France s'est dotée d'une nouvelle instance : l'Agence nationale de lutte contre les manipulations de l'information, rattachée au secrétariat général de la Défense et de la Sécurité nationale (SGDSN)[1].

Les « informations truquées » ou « fausses nouvelles » véhiculent des contenus qui imitent la plupart du temps des articles journalistiques — il s'agit donc de contrefaçons clairement destinées à tromper le lecteur. Pour ce qui concerne plus précisément la France, lors de l'élection présidentielle de 2017, Emmanuel Macron a été l'objet de nombreuses *fake news*[2], notamment à propos de son homosexualité supposée et de son hypothétique liaison avec Mathieu Gallet[3], à cette époque directeur de Radio France, ou encore de la détention d'un compte caché au Luxembourg. La rumeur prendra de telles proportions qu'Emmanuel Macron se sentira obligé de se justifier : « Vous entendrez des choses, que je suis duplice, que j'ai une vie cachée. C'est désagréable pour Brigitte, qui se demande comment je fais physiquement. Elle partage ma vie du matin au soir. Et je ne l'ai jamais rémunérée pour cela ! Je ne peux pas me dédoubler. Si dans les dîners en ville on vous dit que j'ai une double vie avec Mathieu Gal-

1. *Les Échos*, 2 juin 2021.

2. *20 minutes* en recense 14 : https://www.20minutes.fr/high-tech/2058855-20170428-presidentielle-14-fake-news-circulent-emmanuel-macron.

3. Mathieu Gallet raconte tout cela longuement dans son récit *Jeux de pouvoir*, Bouquins, 2022.

let, c'est mon hologramme qui m'a échappé, ça ne peut pas être moi[1] ! »

Elles n'ont certes pas empêché son élection, pas plus que sa réélection en 2022, où elles ont même nettement joué en sa faveur, renforçant son camp politique[2], mais il ne faut pas pour autant en minorer l'impact. Certes, le phénomène de la désinformation ou de la rumeur n'est pas nouveau et a démontré de tout temps son efficacité. S'agissant de soigner une réputation ou au contraire d'abîmer celle des rivaux par le biais du complotisme, le Moyen Âge n'était pas en reste ! « Des jongleurs sont payés pour chanter les louanges d'un chevalier pour lui assurer une union matrimoniale avantageuse ; les princes font circuler de fausses informations pour dissimuler leurs défaites ou mieux atteindre leurs ennemis ; les rebelles étendent leur influence et propagent leurs idées dissidentes aux carrefours des villages[3]... » Le bruit qui court incarne, déjà à cette époque, un puissant outil politique. Je reviendrai plus longuement sur les racontars assassins qui visèrent Claude Pompidou (parties fines) ou encore Dominique Baudis (soirées sadomasochistes), mais si ce phénomène dure sans faiblir depuis que l'humain existe, c'est que, parfois, ces

1. Https://www.liberation.fr/france/2017/02/07/macron-dement-avec-humour-les-rumeurs-sur-son-homosexualite_1546799/.

2. « Les *fake news* ont renforcé le vote en faveur d'Emmanuel Macron », relève France Info le 18 mai 2022, après analyse des votes des électeurs (« La propagation d'une *fake news* peut ainsi renforcer le camp qui en est la cible », https://www.francetvinfo.fr/politique/emmanuel-macron/vrai-ou-fake-les-fausses-nouvelles-ont-elles-eu-un-impact-sur-les-francais-lors-de-lelection-presidentielle-de-2022_5145253.html).

3. France Culture, « Le cours de l'histoire », épisode du mardi 26 janvier 2021, par Xavier Mauduit, https://www.radiofrance.fr/franceculture/podcasts/le-cours-de-l-histoire/calomnies-rumeurs-et-murmures-comment-circulaient-les-fausses-informations-6246304.

diaboliques ouï-dire véhiculent de vraies informations — à l'instar des trois plus importantes rumeurs qui furent lancées contre le président François Mitterrand : « La première, dès 1981, disait qu'il était malade d'un cancer, nous rappelle *Ouest-France*[1]. La deuxième qu'il avait un enfant caché. Et la troisième, qu'il avait eu, sous le régime de Vichy, un passé pas très *clean*. Toutes trois ont ensuite été confirmées par la presse ou par François Mitterrand lui-même. »

Alors qu'est-ce qui est si différent de nos jours, à l'heure où les réseaux sociaux constituent pour certains l'unique source d'information qu'ils estiment fiable ?

La nouveauté réside peut-être dans la méfiance pour ne pas dire la défiance qui s'est développée au sein d'une partie de la population à l'égard des « sachants », c'est-à-dire ceux qui, par tradition, étaient dépositaires d'une vérité dans leur domaine, comme les journalistes, les professeurs, les experts. L'ère du doute à grande échelle s'est imposée, entraînant la perte de tous les repères et laissant du même coup un terrain totalement dégagé et propice au développement massif de l'infox, laquelle joue sur l'émotion qu'elle active de manière efficace à partir d'un élément sensible. Que l'information soit vérifiée ou pas devient alors une question subalterne, presque hors sujet. « Les *fake news* ne désignent pas tant un fait qu'un nœud de tensions et de transformations quasiment impossibles à surplomber, mais dont chacun pressent qu'elles sont un masque grimaçant et vrai de notre époque[2] », analyse la chercheuse Lise Henric.

1. Du 8 février 2017, https://www.ouest-france.fr/elections/presidentielle/la-rumeur-courante-et-pernicieuse-en-politique-4788265.

2. Lise Henric, « Les *fake news*, entre outils de propagande et entraves à la liberté de la presse », *Hermès. La revue*, n° 82, 2018/3, https://www.cairn.info/revue-hermes-la-revue-2018-3-page-120.htm.

La démocratie, telle que nous la connaissons en nos contrées, est-elle pour autant en danger, face à une propagande qui peut devenir massive et masquer le vrai travail journalistique ? La question soulève un malaise — il suffit de se pencher sur le traitement médiatique de l'affaire Alexandre Benalla pour s'en rendre compte. C'est « le » scandale qui a marqué le premier quinquennat d'Emmanuel Macron. Lors de la manifestation du 1er mai 2018, Alexandre Benalla, chargé de mission de l'Élysée, proche collaborateur du président de la République, commet des violences, place de la Contrescarpe à Paris (5e), en usurpant la fonction de policier. Il est condamné pour cela en 2021, et aussi pour utilisation frauduleuse de passeports diplomatiques et port d'arme prohibé, à trois ans de prison, dont un ferme sous bracelet électronique. Concernant l'opacité de l'affaire, Public Sénat rappelle qu'une commission d'enquête sénatoriale a été mise en place en juillet 2018, laquelle avait suggéré fortement que les violences de la Contrescarpe étaient « la partie émergée de l'iceberg de la gestion du cas Benalla par l'Élysée ». Voici ce que la sénatrice Muriel Jourda avait notamment relevé lors de la remise du rapport en février 2019 : « Il s'agit d'abord des pouvoirs excessifs qui ont été laissés à un collaborateur inexpérimenté. [...] Nous avons découvert la nomination atypique comme lieutenant-colonel de réserve opérationnel de la gendarmerie nationale qui a été celle de Monsieur Benalla. [...] Nous avons également mis à jour cette confiance maintenue et cette collaboration poursuivie après les graves dérapages commis par ce collaborateur, le 1er mai 2018 ; également une remontée d'informations défaillantes au sein de l'institution policière et de l'exécutif sur les faits du 1er mai, une dissimulation des faits à la justice […][1]. » Tout s'est essentiellement déroulé sur le réseau Twitter, où 1 370 000 tweets ont été publiés entre le 18 et le 25 juillet 2018. « Les internautes ont repris dans leur *hashtag* le terme utilisé par les médias, "affaire" ou "gate", soulignant sa portée politique », commente Lise Henric — qui ajoute : « Twitter devenant ce tribunal médiatique dans lequel informations vérifiées et *fake news* se confondent, les citoyens deviennent donc des producteurs et des propagateurs de fausses informations[2]. » Une situation qui produit de la confusion tout en augmentant la suspicion à l'égard des canaux officiels, voire leur dénigrement. Emmanuel Macron lui-même déclare, au moment de cette affaire Benalla : « Nous avons une presse qui ne recherche plus la vérité », contribuant ainsi à une remise en cause de sources *a priori* vérifiées et les plaçant de fait sur le même niveau que les infox ou divagations fictionnelles. Un redoutable « mélange des genres » qui peut conduire à une « trumpisation[3] » de l'information dont la démocratie ne sortira pas gagnante.

1. Public Sénat, 5 novembre 2021, https://www.publicsenat.fr/article/politique/affaire-benalla-l-ancien-charge-de-mission-de-l-elysee-condamne-a-trois-ans-de.

2. « Les *fake news*, entre outils de propagande et entraves à la liberté de la presse », art. cité.

3. « Les *fake news*, en devenant une pratique délibérée chez le président de la première puissance mondiale, à savoir les États-Unis, servent à dévaloriser les "vraies" *news*, qui par contraste deviennent douteuses. Enjeu et phénomène de notre société contemporaine, les *fake news* oscillent entre outils de propagande à visée idéologique et entraves à la liberté de presse, ne reconnaissant pas, notamment, le droit à l'erreur journalistique », écrit Lise Henric dans son article déjà cité.

*Comment sanctionner les* fake news ?

Puisque je viens d'aborder les *fake news*, quelques lignes pour que, là encore, on ne se trompe pas sur le sens de mes propos. Les *fake news* sont une plaie, mais les remèdes proposés par les géants des réseaux sociaux, qui décident pour chacun à l'aune de leur propre morale, ne sont guère satisfaisants.

J'ai déjà eu l'occasion, dans un livre précédent consacré aux nouvelles censures[1], de parler de leur façon de se faire juges de ce qui est montrable ou non, le plus criant restant l'éradication des chefs-d'œuvre de l'art (*L'Origine du monde* de Courbet, *La Liberté guidant le peuple* de Delacroix ou encore les Vénus de la préhistoire) au motif de la lutte contre la pornographie.

Mais il y a aussi une loi française liberticide que j'ai ardemment combattue.

C'est en effet lors de ses vœux à la presse, prononcés en janvier 2018, qu'Emmanuel Macron a annoncé « un projet de loi visant à lutter contre les *fake news* sur Internet en période électorale ». Le président de la République française a précisé son intention : « Nous allons faire évoluer notre dispositif juridique pour protéger la vie démocratique de ces fausses nouvelles. » Dès lors, le ministère de la Culture s'est hâté pour qu'un projet de loi soit prêt avant le printemps. L'Élysée a en effet fixé le premier trimestre de l'année 2018 comme échéance afin de permettre au futur texte de s'appliquer avant les élections européennes suivantes.

1. Emmanuel Pierrat, *Nouvelles morales, nouvelles censures*, Gallimard, 2018.

L'idée n'était pas nouvelle : une sénatrice avait déjà déposé, à la veille de la présidentielle de 2017, une proposition de loi visant à sanctionner la diffusion de fausses informations. Ce texte arguait que « chacun peut aujourd'hui publier ses écrits depuis un ordinateur ou un téléphone portable. C'est en soi une très bonne chose, mais il faut prendre acte de cette transformation de la presse qui est aussi et malheureusement à l'origine d'abus de plus en plus nombreux ». La proposition préconisait alors une peine d'un an d'emprisonnement et de 15 000 euros d'amende pour sanctionner l'élaboration et la diffusion de *fake news*.

L'Union européenne (UE) a elle aussi décidé de s'en prendre aux *fake news*. Quelques jours après la déclaration d'Emmanuel Macron, l'exécutif européen a appelé au développement d'une « approche européenne » sur la question et a annoncé dans le même temps la constitution d'un groupe d'experts chargé de réfléchir au phénomène et de proposer des solutions.

Depuis la renaissance du concept de *fake news* à l'occasion de la première campagne électorale de Donald Trump, la nécessaire lutte contre les fausses nouvelles a provoqué des prises de position aussi absurdes que passionnées. Il faut dire que la vie publique est aujourd'hui polluée par une désinformation toujours plus envahissante et une manipulation politique en plein essor, portées par la frénésie des réseaux sociaux.

Dans la mesure où ces fausses nouvelles sont susceptibles d'influencer des scrutins électoraux, il est légitime de chercher à en limiter la portée. Mais, en France, la difficulté repose sur le fait que le droit est déjà apte à répondre à ce type de préoccupation. Il est donc nécessaire de contredire la sénatrice et Emmanuel Macron en leur rappelant que le délit de diffusion de fausses nouvelles est une de ces infractions en apparence endormies que la justice, française comme étrangère, peut réveiller soudainement.

C'est en 1849 que ce délit a fait son apparition en droit français. La loi du 29 juillet 1881 (dite sur la liberté de la presse et qui s'applique notamment à l'édition de livres et au journalisme) va conserver cette notion en son article 27. Encore en vigueur aujourd'hui, cet article vise « la publication, la diffusion ou la reproduction, par quelque moyen que ce soit, de fausses nouvelles, de pièces fabriquées, falsifiées ou mensongèrement attribuées à des tiers lorsque, faite de mauvaise foi, elle aura troublé l'ordre public ou aura été susceptible de le troubler ». La désinformation constitue donc, aux termes de ce texte, une infraction pénale susceptible d'être punie d'une amende de 45 000 euros. L'amende peut même être portée jusqu'à 135 000 euros lorsque les publications litigieuses sont « de nature à ébranler la discipline ou le moral des armées ou à entraver l'effort de guerre de la Nation ».

La mauvaise foi de celui qui est à l'origine des *fake news* ou les diffuse reste, comme pour la diffamation, un critère essentiel au déclenchement des poursuites. Mais, pour être répréhensible, la fausse nouvelle doit être de nature à troubler éventuellement l'ordre public. Autant dire que ce critère est laissé à la pleine appréciation des magistrats, qui sont libres d'échafauder presque toutes les hypothèses pour justifier leur décision. Ces derniers peuvent parfois avoir une vision extensive de cette notion de trouble à l'ordre public.

À titre d'exemple, la chambre criminelle de la Cour de cassation retient, dans un arrêt du 7 novembre 1963, que la « fausse nouvelle de nature à troubler les relations internationales » répond aux exigences de l'article 27 de la loi du 29 juillet 1881 dans la mesure où celle-ci était « susceptible de troubler la paix publique et d'ébranler la discipline et le moral des armées ». Il s'agissait, en l'espèce, d'un article de *France Observateur*, l'ancêtre de l'*Obs*, qui affirmait que la base de Marrakech avait servi de base de départ pour des vols de bombardement sur l'Oranie pendant la guerre d'Algérie. La Cour a alors retenu que les journalistes « ont eu l'intention d'exploiter politiquement cette fausse information qui aurait été susceptible de porter gravement préjudice aux relations de la France et du Maroc, de telle sorte que c'est par là que la paix publique aurait pu être troublée ».

La diffusion de fausses nouvelles incarne également un délit très spécifique dans la mesure où il ne peut être invoqué que par le parquet et en aucun cas par celui qui aurait été, le cas échéant, victime de la fausse information. Cette particularité s'explique par la notion d'ordre public dont la défense est l'une des prérogatives du ministère public. Ainsi, ce délit de diffusion de fausses nouvelles n'est aucunement destiné à protéger des intérêts privés qui, *de facto*, ne troublent pas l'ordre public.

De ce fait, ce délit est aujourd'hui peu ou prou tombé en désuétude, le parquet n'ayant pas pour ambition d'user de cette possibilité pour contrôler l'information. Mais les magistrats du parquet étant placés sous l'autorité du garde des Sceaux, ces derniers doivent mettre en œuvre la politique pénale du gouvernement. Dès lors, plutôt que d'établir une nouvelle loi, il appartiendrait à l'exécutif de réorienter l'action du ministère public pour lutter contre les *fake news* grâce aux dispositifs déjà existants.

L'article 27 de la loi du 29 juillet 1881 s'inscrit dans la

philosophie de la Déclaration des droits de l'homme et du citoyen de 1789. Même si la liberté d'expression est garantie par ce texte fondamental, notamment en son article 11, elle n'est pas absolue et des limites sont établies. Ainsi, son article 10 dispose que « Nul ne doit être inquiété pour ses opinions, même religieuses, pourvu que leur manifestation ne trouble pas l'ordre public établi par la loi ». C'est de cette façon que la sauvegarde de l'ordre public peut justifier la limitation de la liberté d'expression.

Il est à noter que le Code électoral sanctionne plus sévèrement que la loi du 29 juillet 1881 la diffusion de fausses nouvelles. L'article L. 97 dudit code dispose en effet que « ceux qui, à l'aide de fausses nouvelles, bruits calomnieux ou autres manœuvres frauduleuses, auront surpris ou détourné des suffrages, déterminé un ou plusieurs électeurs à s'abstenir de voter, seront punis d'un emprisonnement d'un an et d'une amende de 15 000 euros ».

Relevons, par ailleurs, que la justice dispose d'autres textes spécifiques pour réprimer la diffusion de certaines fausses informations. Il en est ainsi du régime de la publicité trompeuse, autrement dit mensongère, sanctionnée par l'article L. 132-2 du Code de la consommation. Toujours dans le domaine économique, la diffusion de fausses informations financières destinées à manipuler le cours de la Bourse est elle aussi sévèrement réprimée. L'article L. 465-3-3 du Code monétaire et financier punit ainsi de cinq ans d'emprisonnement et de 100 millions d'euros amende « le fait, par toute personne, de diffuser, par tout moyen, des informations qui donnent des indications fausses ou trompeuses sur la situation ou les perspectives d'un émetteur ou sur l'offre, la demande ou le cours d'un instrument financier ou qui fixent ou sont susceptibles de fixer le cours d'un instrument financier à un niveau anormal ou artificiel ».

Qu'il provienne de la loi du 29 juillet 1881 ou d'autres dispositions légales, le délit de diffusion de fausses nouvelles ne sanctionne pas les opinions mais bel et bien la relation de faits. Il s'agit là d'une manifestation des curieuses relations qu'entretiennent vérité et justice.

Emmanuel Macron propose que son nouveau délit puisse être invoqué par ceux qui en sont victimes. Mais des poursuites, sur un autre fondement juridique, peuvent, dès à présent, parallèlement être menées, et en particulier l'action en diffamation, pour atteinte à la vie privée ou pour calomnie. De la réalisation de faux montages (article 226-8 du Code pénal) jusqu'à l'usurpation d'identité sur les réseaux sociaux (article 226-4-1 du Code pénal) en passant par la dénonciation calomnieuse (article 226-10 du Code pénal) et par la divulgation de fausses informations faisant croire à un sinistre (article 322-14 du Code pénal), le Code pénal contient déjà un arsenal juridique complet qui permet de sanctionner l'élaboration et la diffusion de *fake news*.

Forte de l'existence de tous ces textes, la jurisprudence est abondante s'agissant de la condamnation des délits y afférents. Elle est en revanche bien moins fournie et actuelle en ce qui concerne le délit de diffusion de fausses nouvelles, qui est, rappelons-le, rarement invoqué. Prenons néanmoins un exemple de décision relativement récente pour appuyer notre démonstration.

Le 13 décembre 2000, le tribunal de grande instance de Nanterre a statué sur une affaire de fausses nouvelles colportées par un éditeur de presse. Les juges ont en effet relevé que « le recours à des figurants rémunérés, le jet d'un faux réfrigérateur à partir d'un appartement prêté complaisamment par un résident, la location de costumes caractérise la volonté de "fabriquer" un événement en se livrant à des artifices de mise en scène. Il ne s'agit en aucune manière d'une "reconstitution de faits réels" [...] ».

Le tribunal a également souligné que « le terme de "reconstitution" qui ne figure d'ailleurs nulle part dans le reportage d'*Entrevue*, suppose précisément que l'événement s'est déjà produit et que le journaliste entend illustrer ces faits divers en décomposant chaque moment au moyen de photos et d'une légende explicative. En l'espèce [le prévenu] est dans l'incapacité de démontrer qu'un jet de réfrigérateur sur les forces de l'ordre a eu lieu à Colombes dans les jours, les semaines ou les mois qui ont précédé ». Il en retient que « l'article [...] est bien une "fausse nouvelle" » établie sur la base de pièces entièrement fabriquées donnant l'illusion d'un véritable reportage rapportant une scène qui en définitive n'a jamais existé pour faire croire aux lecteurs que « "la chasse aux flics" est lancée dans les banlieues parisiennes par des jeunes emplis de haine ».

Les magistrats ont ainsi conclu ce retour en force du délit de fausses nouvelles en affirmant que « la liberté de la presse qui est un des fondements les plus essentiels de la démocratie ne saurait s'accommoder des méthodes les plus déloyales pour tromper le lecteur, abuser de sa crédulité et le désinformer ».

Ajoutons enfin que la liberté d'expression souffre une fois de plus de l'adoption d'un énième texte de censure, voté le 22 décembre 2018 au nom de « la lutte contre la manipulation de l'information » (tel est son titre officiel...). Le législateur a mis sur pied, en un peu plus de deux siècles, plusieurs centaines de lois et règlements limitant la liberté d'expression, les restrictions apportées à cette dernière concernant des domaines variés, éloignés, parfois désuets. Ces limites varient par ailleurs, au gré des changements de mœurs, de gouvernements, ou d'événements ponctuels, comme ces temps derniers les diatribes mensongères de Donald Trump.

Quelques centaines de dispositions légales éparses sont à présent applicables, dont il serait donc extrêmement fastidieux de dresser une liste complète, lorsqu'il s'agit de restreindre la diffusion d'un message, que celui-ci soit oral, écrit, peint, filmé ou encore chanté. Créer un nouveau délit spécifique pour sanctionner les *fake news* revient dès lors à ajouter de la confusion à un droit déjà protéiforme et qui permet déjà d'y faire face. Surtout, cela contribuerait, inévitablement, à accroître les contentieux relatifs à la liberté d'expression qui encombrent les bureaux des magistrats.

La volonté d'Emmanuel Macron était d'autant plus stérile que la loi ne prenait pas en compte les particularités de ces *fake news*. Car, de la même façon qu'Internet a révolutionné nos modes de communication, ces fausses informations posent des difficultés nouvelles. En effet, celles-ci se diffusent souvent anonymement, et sont parfois élaborées depuis l'étranger, ce qui, en tout état de cause, complique d'éventuelles poursuites judiciaires, fussent-elles d'un nouveau genre.

De fait, à l'heure où j'écris ces lignes, plus de quatre ans après l'adoption de ce texte, nul n'a pu s'en servir...

Peu après le début de la guerre en Ukraine, l'Union européenne a banni les chaînes Russia Today et Sputnik de l'espace médiatique, alors que la censure n'est pas, et encore moins au XXIe siècle, une bonne façon de combattre la propagande, fût-elle émise par une dictature post-stalino-tsariste et son allié biélorusse ; et ce après que nous avons dénoncé durant des décennies le sort de Boulgakov, de Soljenitsyne ou encore des Pussy Riot… Plus censément, plus d'un millier d'écrivains (dont celui, à la fois avocat et auteur, qui signe ces lignes) ont publié dès le dimanche 27 février 2022 une longue lettre ouverte de soutien à nos amis ukrainiens dans *The Guardian*, un texte écrit avec le concours de plusieurs lauréats du prix Nobel de littérature et de Salman Rushdie.

L'Union européenne a décidé de « suspendre » la diffusion des cinq chaînes RT et de Sputnik dans tous ses États membres. Or, c'est peu dire qu'on se trouve dans le flou le plus total. Le bannissement de ces chaînes, financées par la Russie, s'inscrit dans le cadre des sanctions édictées contre celle-ci. Plus précisément, il s'agit d'une « décision » du Conseil en date du 1er mars 2022 qui énumère les premières « mesures restrictives ». Techniquement, cela s'inscrit dans le prolongement des sanctions prises en 2014. Mais aucune de ces dernières ne concernait les médias à l'époque. Pour venir sur le terrain — sans précédent — du bannissement de médias, Bruxelles évoque des chaînes diffusant une « propagande » qui joue « un rôle essentiel et déterminant pour faire avancer et soutenir l'agression contre l'Ukraine et pour déstabiliser les pays voisins ». Cette propagande menacerait « directement et gravement l'ordre et la sécurité publics de l'Union ». Juridiquement, on est au-delà du flou.

De plus, une « décision » est l'acte juridique de plus faible niveau au sein de l'UE, qui modifie en l'occurrence le texte datant de 2014. Charge ensuite aux États membres concernés de se débrouiller pour faire entrer cette interdiction dans leur droit national. Mais j'insiste sur ceci : la « propagande » est un concept subjectif qui est inconnu en tant que tel en droit positif français (lequel vise en revanche l'apologie du crime ou la provocation à en commettre un) ; elle ne peut évidemment faire l'objet d'une interdiction. Le Conseil a le toupet de préciser que la décision ne vient nullement en contradiction avec la liberté d'expression garantie par la Charte européenne des droits fondamentaux, et précise ainsi que « ces mesures n'empêchent pas ces médias et leur personnel d'exercer dans l'Union d'autres activités que la diffusion »... Trop aimable ! Quant à la référence au trouble à l'ordre public, en droit français, cela ne pourrait être déclaré que par un juge. Force est de constater qu'on nage ici en pleine négation de l'État de droit.

Vera Jourova, commissaire « aux valeurs et à la transparence », justifie l'interdiction en affirmant que « la désinformation et l'ingérence étrangère font partie de la doctrine militaire russe depuis des années »... Et la même affirme également qu'à période exceptionnelle doivent correspondre des mesures exceptionnelles. Mais cela ne donne pas l'ombre d'une base juridique. En réalité, l'habillage de la décision initiale a été réalisé progressivement, de bric et de broc, par des commentaires politiques et des communications de presse — mais ce n'est pas du droit ! Ainsi, le 3 mars, les cibles ont été explicitement nommées. Et elles l'ont été dans le seul cadre existant : les sanctions économiques. Or ici, c'est très pernicieux car on quitte en réalité ce terrain pour atterrir sur celui de la liberté d'expression des médias, et cela porte un nom : la censure.

Comme je l'ai toujours affirmé, la censure est détestable en tout état de cause. Il faut cependant distinguer deux cas. D'une part, la censure *a posteriori* : on condamne un média pour des propos précis, tenus ou imprimés — et cela se fait dans un cadre judiciaire connu et maîtrisé, notamment en droit français. Et d'autre part la censure *a priori* : on interdit un média — par décision administrative — parce qu'on considère qu'il pourrait répandre dans l'avenir des propos dangereux. C'est le fait accompli, une sorte de délit de « sale gueule », qui vous bannit d'emblée ; et c'est à vous de contester et prouver l'injustice après coup. C'est ce qui arrive aux chaînes incriminées, dont on serait bien en peine de citer des propos tombant sous le coup de la loi. Même la loi française — inutile et scélérate — censée combattre les fausses nouvelles (*fake news*) pendant les périodes électorales n'a pas pu être invoquée. Au demeurant, je rappelle que diffuser une fausse information n'est pas en soi illégal. Et pour parachever la monstruosité juridique édictée par l'UE, celle-ci ne précise pas de date de fin du bannissement. La Commission évoque seulement une levée de la suspension quand les chaînes auront « cess(é) de mener des actions de désinformation et de manipulation de l'information contre l'UE et ses États membres ». L'arbitraire le plus total.

En France, RT est titulaire d'une convention avec l'Autorité de régulation de la communication audiovisuelle et numérique (Arcom, l'ex-CSA), une convention dont l'UE prétend décréter la suspension. La loi de 1986 est pourtant claire : pour que l'Arcom ordonne ladite suspension, il faut d'abord qu'elle lance une mise en demeure à propos d'un fait délictueux précis. Cela est arrivé une seule fois en France, avec la chaîne Al-Manar, qui dépend du Hezbollah libanais. Rien de tel pour RT France, qui pourrait donc se tourner vers le juge administratif. D'autant que les recours en référé sont maintenant plus rapides qu'ils ne l'étaient par le passé. Dans des affaires de censure en France pour lesquelles je plaide régulièrement, j'invoque souvent la Déclaration des droits de l'homme de 1789 — qui fait partie de notre bloc constitutionnel — ainsi que la Convention européenne des droits de l'homme (celle du Conseil de l'Europe, rien à voir avec l'UE). Quant à un recours au niveau de l'Union européenne, il serait sans doute possible, mais il faudrait des années avant qu'il n'aboutisse...

Les sites Internet de ces chaînes, eux, ne sont donc pas visés directement. En revanche, Bruxelles travaille avec les grandes plateformes, les réseaux sociaux et les moteurs de recherche tels que Google. Et ces entités — en l'occurrence américaines — ont le pouvoir discrétionnaire de référencer ou de bannir des sites, ce qui peut diminuer drastiquement leur audience, voire les rendre invisibles. Elles obéissent régulièrement aux demandes des services américains ; elles font manifestement preuve de la même compréhension vis-à-vis des autorités européennes.

On piétine ainsi le droit pour s'attaquer à la liberté des médias, et on installe l'arbitraire : cruel paradoxe, c'est précisément ce qu'on accuse la Russie de faire dans son propre paysage audiovisuel ! Et demain rien n'empêcherait qu'un média purement français soit interdit par Bruxelles s'il est accusé de reprendre la « propagande » russe.

Rien d'étonnant quand on sait que de vieux délits, qui

datent de la loi de 1881 sur la liberté de la presse, n'ont jamais été abolis, par exemple l'« atteinte au moral des troupes ». Se souvient-on que, pendant la guerre du Golfe, des chansons avaient été interdites ? Et sait-on que le ministère des Armées s'arroge aujourd'hui encore le droit de trier et censurer les journaux télévisés de France Télévisions *in situ* dès qu'il est question des opérations extérieures de la France, comme en Afrique de l'Ouest ? Et la direction du service public n'y trouve rien à redire… Reste qu'en matière de censure pure et dure la période la pire de la V$^{e}$ République fut celle de la guerre d'Algérie. Aussi insupportables que furent alors les interdictions, au moins s'abritaient-elles derrière l'état d'urgence qui avait été décrété. Rien de tel aujourd'hui.

Le brouhaha médiatique actuel est tel qu'il aboutit à un véritable abrutissement. C'est la guerre — et, comme souvent, cela semble exclure toute rationalité et tout justifier, hélas ! Je ne partage pas la ligne éditoriale de RT, mais le combat contre la censure devrait nous concerner tous. Car ceux qui censurent réduisent au silence au lieu de susciter le dialogue et la réflexion critique.

Profitons-en pour examiner les qualificatifs qui sont utilisés à l'encan contre Vladimir Poutine et la Russie sur les réseaux sociaux et le régime juridique qui leur est applicable. Rappelons donc que l'offense aux chefs d'État étrangers, en vigueur jusqu'en 2004, a été longtemps considérée comme un délit d'opinion. Cette situation a pris fin grâce aux signataires de la Convention européenne de sauvegarde des droits de l'homme et des libertés fondamentales, dont le nombre dépasse de loin celui des États qui constituent l'Union européenne.

Ce traité a donné aussi naissance à une juridiction

relativement efficace, la Cour européenne des droits de l'homme, que la Russie a ratifiée… et qui a forcé la France, à l'issue de longs combats judiciaires, à alléger son arsenal liberticide. Certes, aux termes de l'article 41 de la Convention européenne, « si la Cour déclare qu'il y a eu violation de la Convention ou ses Protocoles, et si le droit interne ne permet d'effacer qu'imparfaitement les conséquences de cette violation, la Cour accorde à la partie lésée, s'il y a lieu, une satisfaction équitable ». Autrement dit, des dommages-intérêts. Mais la véritable sanction est qu'un dispositif législatif national mis en cause doit donc être modifié pour entrer en conformité avec la jurisprudence de la Cour européenne.

L'article 34 de ladite Convention européenne autorise à saisir « sa » cour (la CEDH), qui siège à Strasbourg. Seul hic : cela n'est possible qu'après avoir épuisé toutes les voies de recours en droit interne. En clair, une fois que le justiciable a fait plaider sa cause devant un tribunal de première instance, puis une cour d'appel, et enfin la Cour de cassation ; soit environ, bon an mal an, huit années de procédure…

Des journalistes, des éditeurs de livres ont toutefois trouvé l'énergie (et la ressource financière) pour faire juger la France et ses lois de censure. Par un arrêt de 2002, la CEDH a contraint le législateur national à abroger, en 2004, le délit d'offense aux « chefs d'État étrangers, aux chefs de gouvernement étrangers, à leurs ministres des Affaires étrangères et agents diplomatiques »… Ces textes s'appliquaient aux informations relatives aussi bien à la vie privée des intéressés qu'à leurs fonctions. La véracité des propos tenus à leur égard importait peu, puisque l'intention ou non de nuire était seule prise en compte.

En 1998, la Cour de cassation a ainsi réprimé ceux qui relataient l'implication de la famille royale du Maroc dans le trafic de haschisch. *Noir silence*, sous-titré *Qui arrêtera la Françafrique ?*, du regretté François-Xavier Verschave, publié aux Arènes, a été poursuivi devant les juridictions françaises par un trio de chefs d'État africains qui ne sont pas des phares de la démocratie. L'amitié de Paris avec les dictateurs implantés dans son ancien empire colonial autorisait ces régimes à poursuivre leurs opposants réfugiés en France… jusque devant les juridictions françaises.

Enfin, en 2019, l'assemblée plénière de la CEDH a jugé, par trois arrêts, que le royaume du Maroc ne pouvait agir en diffamation en France. L'article 32, alinéa 1er, de la loi du 29 juillet 1881 sur la liberté de la presse ne permet ainsi pas à un État, qui ne peut pas être assimilé à un particulier au sens de ce texte, d'engager une poursuite en diffamation sur le fondement de cette loi. Ensuite, selon la jurisprudence de la Cour européenne des droits de l'homme, « il ne peut être créé un droit matériel de caractère civil qui n'a aucune base légale dans l'État concerné. En conséquence, aucun État, qui soutient être victime d'une diffamation, ne peut agir en réparation de son préjudice et, dès lors, il n'existe aucun droit substantiel dont le droit processuel devrait permettre l'exercice en organisant […] un accès au juge de nature à en assurer l'effectivité ». Ainsi, « sans avoir à se prononcer sur l'invocabilité par un État de la Convention européenne, l'Assemblée plénière juge que, en l'absence de droit substantiel résultant du droit interne ou du droit conventionnel, l'accès au juge, qui a pour fonction de faire valoir un droit, est sans fondement et ne peut être considéré comme méconnu… ».

C'est donc, plutôt que le recours stérile et anachronique

à la censure, la consécration de la théorie de l'arroseur arrosé.

*Ne pas vouloir lutter contre la haine*

En revanche, les mêmes parlementaires qui ont voté la loi sur les *fake news* ont, faussement aiguillonnés par certains médias, rejeté en 2019 la proposition de loi portée par la députée Laetitia Avia visant à lutter contre la haine sur Internet.

Pour mieux comprendre, revenons en arrière à l'aide de quelques flash-back. C'est mercredi 15 mai 2019 qu'Emmanuel Macron a réuni à Paris le G7 des ministres du numérique afin de renforcer les lois visant à bannir les contenus inappropriés des réseaux sociaux. Cette initiative avait été lancée avec la Première ministre néo-zélandaise, Jacinda Ardern, à la suite de l'attentat de Christchurch du 15 mars précédent. Si les États-Unis ne s'étaient pas, ces derniers temps, montrés très favorables à un tel accord au niveau mondial, de nombreux autres pays étrangers semblaient prêts à s'impliquer. Les représentants de Facebook, Microsoft et Google étaient également présents. La preuve que le moment était venu de réagir, deux mois après la tuerie de Christchurch, dont les images avaient été largement partagées sur les réseaux sociaux avant que les hébergeurs ne fassent cesser cette macabre diffusion.

Le vendredi 10 mai 2019, Emmanuel Macron avait reçu Mark Zuckerberg, PDG de Facebook, pour débattre de la lutte contre la haine en ligne et de la manière d'empêcher la propagation des discours extrémistes. Le 30 mars 2019, dans une tribune publiée dans le *Washington Post*, le PDG de Facebook s'était dit favorable à un rôle plus actif de la part des gouvernements « afin de préserver le meilleur d'Internet — la liberté de s'exprimer et la possibilité pour les entrepreneurs d'innover — tout en protégeant la société contre certains maux, comme les discours haineux ».

Un rapport publié le vendredi 10 mai 2019 tirait les conclusions de l'immersion pendant plusieurs mois d'experts français dans les arcanes de Facebook (en France et à l'étranger). Ce test avait été décidé par Emmanuel Macron et Mark Zuckerberg un an plus tôt. Le rapport soulignait l'insuffisance des mécanismes de modération et le manque de transparence du fonctionnement des plateformes, justifiant une intervention des pouvoirs publics. Il recommandait entre autres de fixer des « obligations de moyens » aux principales plateformes mondiales (sur le modèle de régulation imposé aux banques). Leur mise en œuvre serait confiée à une autorité administrative indépendante, probablement le Conseil supérieur de l'audiovisuel (CSA), qui aurait notamment un droit de regard sur les algorithmes utilisés par Facebook et Twitter.

Dans un rapport publié peu de temps avant, Facebook avait reconnu des « erreurs de modération » et mentionné le nombre de contenus rétablis après avoir été l'objet d'une analyse défaillante. À titre d'exemple, dans la catégorie « Nudité adulte et sexualité », Facebook avait rétabli 452 000 contenus qui avaient, dans un premier temps, fait l'objet d'une suppression entre janvier et mars 2019. Ce chiffre représentait 2,3 % des publications de cette catégorie sur la période. Au sein de Facebook, la modération repose à la fois sur un contrôle humain (environ quinze mille personnes dans le monde) et sur une détection automatique via des algorithmes d'intelligence artificielle. Malheureusement, ces derniers ne sont pas toujours efficaces, et c'est bien tout le problème.

Facebook a annoncé début juillet 2019 sa participation active à la future loi française.

Conscient de la nécessité de réagir par la voie législative, le Premier ministre avait confié, en 2018, à la députée Laetitia Avia, à l'écrivain Karim Amellal et au vice-président du Crif Gil Taïeb la rédaction d'un rapport consacré au renforcement de la lutte contre le racisme et l'antisémitisme sur Internet. Ce rapport avait été remis au Premier ministre le 20 septembre 2018. Ancré dans le Plan national de lutte contre le racisme et l'antisémitisme 2018-2020, il entendait répondre à la prolifération des contenus haineux par des propositions concrètes et conformes à la liberté d'expression. Le rapport proposait notamment de responsabiliser les plateformes et de créer une procédure de signalement uniformisée et clairement identifiable. J'avais été auditionné par cette équipe intelligente et motivée. Il s'agissait là de la première pierre à l'édifice voulu par le président de la République afin de lutter contre la haine sur les réseaux sociaux. Aussi, le choix de Laetitia Avia comme rapporteure du texte déposé en mars à l'Assemblée nationale s'imposait.

La proposition de loi du 20 mars 2019 visant à lutter contre la haine sur Internet a fait l'objet de nombreuses critiques, parfois justifiées.

Le point le plus critiqué était la création d'une obligation de suppression des contenus haineux. Les opérateurs devaient, dans un délai de vingt-quatre heures après la notification d'un contenu, retirer ou rendre inaccessible ce contenu, dès lors qu'il comportait manifestement une incitation à la haine ou une injure discriminatoire à raison de la race, de la religion, du sexe ou de l'orientation sexuelle.

L'article 24 de la loi de 1881 sur la liberté de la presse vise déjà les provocations « à la discrimination, à la haine ou à la violence à l'égard d'une personne ou d'un groupe de personnes à raison de leur origine ou de leur appartenance ou de leur non-appartenance à une ethnie, une nation, une race ou une religion déterminée », que ces provocations soient suivies d'effets ou non. Évoquons aussi la loi du 16 juillet 1949 sur les publications destinées à la jeunesse, dont l'article 2, réformé en 2011, dispose que les publications visées « ne doivent comporter aucun contenu présentant un danger pour la jeunesse en raison de son caractère pornographique ou lorsqu'il est susceptible d'inciter à la discrimination ou à la haine contre une personne déterminée ou un groupe de personnes, aux atteintes à la dignité humaine, à l'usage, à la détention ou au trafic de stupéfiants ou de substances psychotropes, à la violence ou à tous actes qualifiés de crimes ou de délits ou de nature à nuire à l'épanouissement physique, mental ou moral de l'enfance ou la jeunesse ».

Les opérateurs auraient désormais une obligation de création d'un dispositif permettant, pour l'utilisateur à l'origine du contenu litigieux, de contester le retrait de celui-ci. En contrepartie, l'utilisateur à l'origine du signalement pourrait contester l'absence de retrait. La sanction était dissuasive : l'opérateur qui n'aurait pas respecté l'obligation de création d'un tel dispositif se serait exposé à une sanction financière, déterminée et prononcée par le CSA, pouvant atteindre 4 % de son chiffre d'affaires mondial annuel.

Si cette proposition a fait grincer des dents les spécialistes de la liberté d'expression sur les réseaux sociaux, c'est que le risque judiciaire qui pesait sur les opérateurs de plateformes aurait été vraisemblablement à l'origine de nombreux retraits injustifiés, puisque la notion de contenu comprenant « manifestement » une incitation à la haine ou une injure discriminatoire restait indéfinie. À l'inverse, un retrait de contenu licite aurait comporté un risque moins important pour la plateforme. Une forme de censure aurait ainsi pu devenir la norme dès qu'un signalement interviendrait. Mais nous n'y sommes pas encore. Enfin, la définition du « seuil » de tolérance doit également faire l'objet de beaucoup de précautions. Un seuil trop élevé peut provoquer un déplacement des discours de haine vers des plateformes moins utilisées, et un seuil trop bas peut faire peser une charge bien trop lourde sur des structures mal adaptées.

Parmi les autres dispositions se trouvaient la simplification de la notification des contenus haineux, la création d'une obligation de représentation légale en France (un interlocuteur référent serait chargé de l'application de la présente loi), un alourdissement des sanctions encourues par les plateformes en cas de manquement à leurs obligations de coopération (en multipliant par trois l'amende, actuellement d'un montant de 75 000 euros) et des injonctions relatives au blocage de l'accès aux sites illicites et à leur déréférencement.

Après un avis du Conseil d'État, et une nouvelle visite de Mark Zuckerberg à Paris, Laetitia Avia a reconnu que des modifications étaient prévues. Un délit pénal de non-retrait des contenus et l'extension du champ d'application du texte aux moteurs de recherche comme Google ou Bing ont été envisagés. Le PDG de Facebook demandait l'abandon du délai de vingt-quatre heures pour le retrait des contenus haineux « manifestement illicites » pour se focaliser sur le fait d'empêcher la propagation d'un contenu par son partage. Pour autant, cette disposition n'a pas été retirée de la proposition de loi, dont elle était d'ailleurs un des points centraux.

Pour ce qui est du délit pénal de non-retrait des contenus, il visait le représentant légal français que les plateformes devraient nommer. La loi prévoyait également la création d'un parquet spécialisé. Enfin, la députée La République en marche (LREM) envisageait des peines d'interdiction temporaire de consultation des réseaux sociaux pour les auteurs de contenus haineux. Si cette dernière proposition pouvait sembler alléchante pour lutter contre la récidive, on ne pouvait que s'interroger sur sa possible mise en application et le risque d'atteinte à la liberté d'expression.

Le CSA s'est déclaré favorable à un mécanisme de sanctions contre les plateformes en ligne, mais le Conseil national du numérique a exprimé ses inquiétudes. Ce dernier s'interrogeait notamment sur la protection qui serait désormais accordée à la liberté d'expression. Il insistait sur la nécessité de bien définir les termes et les contenus ainsi que de prévoir des recours effectifs.

Enfin, une consultation citoyenne était ouverte en ligne à propos de la haine sur Internet.

La loi Avia s'inspirait d'une loi allemande, la loi NetzDG, qui, depuis le 1er janvier 2018, impose des mesures similaires aux plateformes comptant au moins deux millions d'utilisateurs. La même critique était faite à la loi allemande et à la proposition de loi Avia : le risque que les responsables des plateformes, paniqués à l'idée d'avoir à payer de lourdes amendes, retirent tous les contenus signalés, y compris ceux qui ne seraient pas clairement illicites. Plus d'un an après l'entrée en vigueur de la loi, le bilan était très en demi-teinte : Facebook, Twitter ou YouTube n'avaient presque rien retenu. Les demandes avaient bien été traitées dans les vingt-quatre heures, comme l'exigeait la loi, mais à 80 % elles avaient été rejetées. Cependant, le gouvernement allemand voulait laisser le temps à cette loi de faire ses preuves.

Trois semaines après la tuerie de Christchurch, l'Australie a, quant à elle, fait voter une loi très répressive contre les réseaux sociaux : s'ils ne suppriment pas assez rapidement les contenus violents liés à des « actes terroristes » (notamment), ils devront payer une amende correspondant à 10 % de leur chiffre d'affaires annuel. Les dirigeants de ces entreprises risquent jusqu'à trois ans de prison en cas de manquement. La force de cette réponse législative n'a d'égal que le traumatisme subi par tout un pays.

Il était temps que la France républicaine s'empare à son tour de la lutte concrète contre les dérives antisémites, racistes, sexistes et homophobes. Las, la cause a échoué au Parlement en raison d'un lobbying inattendu de journaux ayant confondu la lutte contre la haine et l'amour de la liberté d'expression.

### *Désenchantement, défiance, incivisme*

Revenons vers le désenchantement de nos concitoyens pour la chose politique classique.

Alarmée par la montée inquiétante du niveau de méfiance du peuple français vis-à-vis de ses élites[1], l'avocate

1. Corinne Lepage, dans son livre *À bout de confiance. De la morale en politique* (Autrement, 2017), cite, à l'appui de son raisonnement, un sondage réalisé en 2017 dans 22 pays auprès de 16 000 personnes, positionnant les

et ancienne ministre de l'Environnement Corinne Lepage explique avoir été convaincue par un Emmanuel Macron prêt, avant son premier quinquennat de 2017, à « renverser la table ». C'était accepter d'être « de droite et de gauche, de promouvoir la société civile, de s'engager dans la nouvelle économie, d'assurer la transition écologique ». L'idée de « porter à la présidence un représentant de la société civile » permettait selon elle de « défendre une vision ascendante (*bottom-up*) de la politique ».

Il s'agissait en somme, analyse-t-elle, de « déprofessionnaliser la vie politique française[1] » afin de reconquérir une crédibilité auprès des citoyens, et ce précisément au moment où éclatait l'affaire Fillon, parfois nommée le « Pénélope Gate », sur laquelle je reviendrai — et que d'aucuns regardent comme le fiasco du politique en général. Cela va bien au-delà du fossé qui s'est creusé entre peuple et dirigeants et confirme que, désormais, la morale triomphante est aux commandes, ce qui n'est pas sans conséquences et instaure un lien de cause à effet entre l'irréprochable vertu exigée du politique et son talent à mettre en œuvre de bonnes réformes pour les citoyens — la sainteté deviendrait-elle obligatoire pour gouverner ? Corinne Lepage rappelle qu'une grande partie des Français jugent les politiques « corrompus et agissant dans leur intérêt purement personnel », cette défiance s'accompagnant d'un « besoin d'autorité » et d'une « personnalité forte à la tête de l'État pour remettre de l'ordre[2] ».

---

Français « parmi les peuples les plus méfiants du monde, en particulier à l'égard de leur élite », et cite en source le *Figaro* du 6 février 2017.

1. Citations issues d'*À bout de confiance, op. cit.*
2. *Ibid.*

À noter, sans établir de lien direct entre ce « besoin » et les résultats enregistrés à l'élection présidentielle de 2022, que l'extrême droite en France est à son plus haut niveau historique, Marine Le Pen ayant atteint le score de 41,4 % face à Emmanuel Macron (58,6 %), alors que Jean-Marie Le Pen avait seulement obtenu 17,79 % des suffrages exprimés face à Jacques Chirac, réélu en 2002 avec 82,21 % des voix. Et surtout, en 2022, « la fracture en deux France » ne fait plus aucun doute, les ouvriers (68 %) et les employés (56 %) ayant « plébiscité » Marine Le Pen, notamment dans les territoires ruraux, pendant qu'Emmanuel Macron s'imposait dans les grandes villes auprès des cadres (71 %) et des retraités (72 %)[1].

Corinne Lepage avait pourtant espéré, comme bien d'autres, qu'Emmanuel Macron serait « le point de rencontre des générations, entre la réalité et la philosophie, entre la liberté et la solidarité[2] ». Après le temps de l'espoir est venu celui du désenchantement, une fois constatée la mise en place de « l'hyperprésidentialisation » accompagnée de « la destruction systématique des contre-pouvoirs », soit un modèle politique qui s'éloigne de la construction du « pacte de confiance » avec les citoyens dont elle fait le « nœud de l'action publique », car c'est pour elle le seul moyen d'endiguer la défiance source d'incivisme. Corinne Lepage dénonce en ce sens l'omerta qui garantit encore l'impunité à une classe politique qui se croit tout permis, car « la possession de moyens de pression croisés permet à chacun de s'assurer que sa propre turpitude ne sera pas

1. *L'Express*, 25 avril 2022, https://www.lexpress.fr/actualite/politique/vote-barrage-abstention-reports-de-voix-les-cinq-lecons-du-second-tour_2172351.html.

2. *À bout de confiance*, *op. cit.*

révélée par l'autre » — « on reste entre soi et on est tranquilles[1] », conclut-elle.

Est-ce toujours vrai dans tous les domaines, notamment après la déflagration causée par le mouvement #MeToo ?

## *Politique du* Shame on you

L'essayiste Pascal Bruckner[2] alerte pour sa part contre l'irruption et la prépondérance de ces nouveaux « justiciers de la vertu » qui érigent la délation et la transparence en « passions communes, annexes de notre amour pour la liberté ».

« Une nouvelle génération se dresse, avide de moraliser la vie publique et privée, de dénoncer les compromis honteux auxquels ont consenti ses aînés, les baby-boomeurs », constate-t-il, avant de dénoncer la « conjonction tragique de l'omnipotence des réseaux et d'une morale populaire ivre de châtiments à l'endroit des riches et des puissants ». Il déplore l'américanisation de la vie politique française, où il s'agit désormais d'« édifier une société du Bien qui extirperait la corruption du cœur humain ».

La politiste Chloé Morin[3] rejoint cette analyse et remarque que désormais « la défiance à l'égard de nos politiques s'est transformée, pour une partie des gens, en haine », ce qui place les élus dans la situation de devoir continuellement faire leurs preuves sous le joug de la tolé-

1. *Ibid.*

2. Article de Pascal Bruckner (« Les justiciers de la vertu ») paru dans *Le Point*, 20 février 2020, à l'occasion d'un dossier spécial intitulé : « Intimité, le combat du siècle ».

3. *L'Express*, 10 février 2022.

rance zéro : « Ils n'ont jamais droit au bénéfice du doute », note-t-elle. « L'élu est aujourd'hui constamment sous le regard du public, il doit sans cesse rendre des comptes sur ce qu'il fait, ce qu'il dit à chaque instant, et y compris dans sa vie privée [...] nous avons une exigence envers nos élus qui dépasse le cadre de leur fonction, de la qualité de leur travail. On exige qu'ils soient bons pères ou bonnes mères de famille, qu'ils soient fidèles à leur compagne ou à leur compagnon, que leurs enfants soient évidemment scolarisés dans le public, qu'ils partent en vacances au bon endroit... C'est une demande d'exemplarité perpétuelle, une pression permanente. »

À cela s'ajoute une pratique d'origine anglo-saxonne et qui a les faveurs de nombre de personnalités, dont certains élus eux-mêmes : le *name and shame* (« nommer et faire honte » ou « nommer et blâmer »). Il s'agit de rendre massivement public, entre autres par le biais des réseaux sociaux, le vote de certains députés, ou les décisions de maires, afin d'interpeller les électeurs. Ainsi François Ruffin qui, dans l'hémicycle le 11 octobre 2018, menace — et mettra cette menace à exécution sur sa page Facebook, suivie par 300 000 personnes — les députés qui ont rejeté une proposition de loi sur l'accompagnement des enfants handicapés en milieu scolaire : « J'espère que le pays ne vous pardonnera pas ! Les noms des votants seront publics. Je les publierai sur ma page Facebook, et je ne serai pas le seul ! Ils circuleront à travers la France et ce vote, j'en suis convaincu, vous collera à la peau comme une infamie[1] », lance-t-il. Pour lui, il ne s'agit aucunement de délation, mais d'information. Ce *name and shame* aura pourtant

1. *Le Monde*, 24 octobre 2018.

comme conséquence, entre autres violences, de déclencher une avalanche de messages de haine[1] et d'insultes envers les personnes jetées ainsi en pâture sans aucune explication du contexte. Car si les députés ont voté la « motion de rejet préalable » pour le texte proposé par Aurélien Pradié (Les Républicains), c'est justement parce qu'ils ont estimé qu'il n'était pas « à la hauteur des enjeux, en matière technique comme en matière juridique ». Argument plausible que François Ruffin n'a de toute évidence pas entendu. Il prétend vouloir « mettre les parlementaires face à leurs responsabilités », soutenu par un autre député LFI, Éric Coquerel : « Les élus ne doivent pas pouvoir se cacher derrière leurs votes. Il faut qu'ils assument les conséquences quand ils rejettent une loi. Peut-être que la prochaine fois, auront-ils moins envie de le faire[2]. »

Inutile de préciser que LREM se montre très critique vis-à-vis de cette méthode du *name and shame* (« Il faut que l'on s'organise pour riposter à cette nouvelle forme de guérilla[3] », juge par exemple le député LREM Bruno Bonnell) — en oubliant sans doute que dans ses rangs elle est également utilisée, et même appréciée, dit-on, par Emmanuel Macron en personne. Il y a eu notamment recours en 2015, quand il était au ministère de l'Économie. Il avait alors rendu publique une liste de cinq entreprises dans le collimateur de la Direction générale de la concurrence, de la

1. Le *Monde* du 24 octobre 2018 donne quelques exemples édifiants des messages de haine reçus par les élus victimes du *name and shame* : « Madame la députée [...] J'ai honte pour vous, et j'espère que vous avez honte de vous », « Je te souhaite d'avoir un enfant trisomique, un deuxième poliomyélitique, un troisième aveugle et que tout ce petit monde soit mutilé dans un accident de voiture »...

2. *Ibid.*

3. *Ibid.*

consommation et de la répression des fraudes (DGCCRF) en raison de leur retard de paiement : ont ainsi été dénoncés comme « mauvais payeurs[1] » et mis à l'amende SFR, Numéricable ou encore Paul Prédault.

Un *name and shame* parfaitement assumé par le pouvoir en place et qui a de nouveau été mis en œuvre en mars 2020 à propos de l'égalité professionnelle femmes-hommes : une liste des bons et des mauvais élèves a été publiée sur un site du gouvernement — la ministre du Travail Muriel Pénicaud étant « pressée de montrer du doigt les entreprises traitant le moins bien leurs salariés[2] ».

Reste que ce « jeu » s'appuyant sur la délation publique, censée valoriser les bons citoyens et clouer les autres au pilori, met en danger la liberté d'expression et d'opinion. Car par crainte d'être vilipendé, agressé, ou de voir l'entourage proche menacé, tel élu n'exprimera plus son avis. « Cette pression faite sur les parlementaires est inacceptable[3] », juge Marc Fesneau, élu MoDem devenu ministre de l'Agriculture en 2022 dans le gouvernement d'Élisabeth Borne. « Il y a quelque chose de l'ordre du dévoiement démocratique. La puissance des réseaux sociaux provoque une vindicte contre ceux qui ne pensent pas comme vous. On fait la chasse à des opinions ou à des décisions. » Dans nombre de cas de *name and shame*, notamment dans celui déclenché par François Ruffin, les personnes visées n'ont enfreint aucune loi — elles ont simplement émis un point

1. *Les Échos*, 22 novembre 2015, https://www.lesechos.fr/2015/11/delais-de-paiement-bercy-epingle-cinq-mauvais-payeurs-281636.

2. *Les Échos*, 6 mars 2020, https://www.lesechos.fr/economie-france/social/name-and-shame-apres-les-delais-de-paiement-legalite-professionnelle-femmes-hommes-1182660.

3. *Le Monde*, 24 octobre 2018.

de vue ou une réserve. La sanction du lynchage ne vise donc pas un quelconque délit mais une pensée jugée offensante.

C'est bien là que réside le danger de l'évolution des exigences morales en politique, et nous allons voir à présent de quelle façon cela concerne, parfois violemment, le domaine du sexe.

## II

## *Sexe et politique : couple nuptial ou illégitime ?*

Les hommes et femmes politiques sont des citoyens comme les autres. Certes, certaines fonctions électives ne sont accessibles qu'à partir d'un âge bien supérieur à la majorité légale (23 ans pour l'élection présidentielle et les élections législatives, 30 ans pour les élections sénatoriales), mais le sentiment d'être parfois au-dessus des lois, de pouvoir les contourner avec agilité, est intrinsèquement lié à l'activité. Il n'est qu'à se rappeler le mode traditionnel de financement des partis, qui a notamment reposé, pendant de nombreuses années, sur l'attribution de marchés publics contre le versement de commissions occultes.

Sans même évoquer le statut pénal du chef de l'État, l'immunité parlementaire pose question. Définie par le site de l'Assemblée nationale comme « l'ensemble des dispositions qui assurent aux parlementaires un régime juridique dérogatoire au droit commun dans leurs rapports avec la justice afin de préserver leur indépendance », elle se divise en réalité en deux catégories : l'irresponsabilité et l'inviolabilité.

Prévue par l'article 26 de la Constitution qui dispose en particulier qu'« aucun membre du Parlement ne peut être poursuivi, recherché, arrêté, détenu ou jugé à l'occasion des opinions ou votes émis par lui dans l'exercice de ses fonctions », l'irresponsabilité constitue une immunité quasi absolue, protégeant les parlementaires contre toute action judiciaire, pénale ou civile. Elle est perpétuelle pour tous les actes commis durant le mandat électif.

Quant à l'inviolabilité, elle limite les conditions dans lesquelles s'exerce l'action pénale pour les actes étrangers à la fonction. Le parlementaire ne peut ainsi faire l'objet ni d'une arrestation (y compris d'une garde à vue, voire d'une détention provisoire), ni d'un contrôle judiciaire, sans l'autorisation du Bureau de l'Assemblée ou du Sénat, et ce à l'exception des cas de crime, délit flagrant ou condamnation définitive… En outre la détention, les mesures privatives ou restrictives de liberté ou la poursuite d'un parlementaire sont suspendues pour la durée de la session si l'Assemblée ou le Sénat le requiert. Ce régime si favorable prend fin avec le mandat et n'est donc pas perpétuel — sauf à être constamment réélu !

### *Une libido exacerbée par le pouvoir ?*

Le personnel politique boit et mange plus que de raison durant chaque campagne électorale, se fait conduire par un chauffeur qui se moque des limitations de vitesse, dispose d'un logement de fonction, donne des ordres inutiles (car contredits aussitôt proférés), « intervient » auprès d'autres élus ou de ministres afin d'obtenir qui un logement social, qui une terrasse de restaurant hors norme, qui un titre de séjour, etc. Il marie souvent, épingle des décorations, inaugure à tout-va, aime les médias et le pouvoir… Tout cela ressemble à la vie de certains chefs d'entreprise ;

le salaire en moins. En clair, rien ne vient corroborer véritablement la théorie plus ou moins répandue selon laquelle le pouvoir politique en particulier exacerberait la libido.

Mais il faut encore compter sur la cour, sur ces innombrables courtisans qui vont de l'assistant parlementaire aux militants de tout âge. Le bénévolat relève plus du fan-club de rock star que de l'entourage d'un PDG du CAC40.

Cette cour-là, celle du monde politique, est toutefois confrontée aujourd'hui à des accusations d'une autre époque confondant drague et agression sexuelle et serait tenue d'être à présent plus exemplaire que le reste de la société.

Parmi les affaires les plus récentes, celle touchant Damien Abad, ancien président du groupe Les Républicains à l'Assemblée nationale, nommé en mai 2022 éphémère ministre des Solidarités, de l'Autonomie et des Personnes handicapées du premier gouvernement Élisabeth Borne, est emblématique du climat moral actuel en politique.

Le fraîchement promu doit en effet immédiatement faire face à deux accusations d'agression sexuelle et de viol, en 2012 et 2017. L'une provient d'une ancienne militante centriste de 35 ans, qui décrit une relation sexuelle faite « d'irrespect, d'injonction et d'insistance » — Damien Abad « aurait imposé une pénétration anale bien qu'elle ait manifesté son refus à plusieurs reprises[1] ». Le site d'information *Mediapart*, à l'origine des révélations, indique qu'elle a porté plainte pour viol en 2017, mais que l'affaire a été classée sans suite. Une autre femme dénonce un supposé viol, commis, dit-elle, par lui après qu'il l'a droguée

1. *Marianne*, 23 mai 2022, https://www.marianne.net/politique/gouvernement/un-homme-innocent-doit-il-demissionner-abad-nie-les-accusations-de-viol.

— par le biais d'une coupe de champagne, suppose-t-elle. « Et là, black-out, jusqu'au lendemain matin. Ça ne m'était jamais arrivé, surtout pas après un seul verre. » Elle s'est retrouvée « dans une chambre d'hôtel proche du bar », le corps « courbaturé et douloureux ». Le parquet[1] n'a dans un premier temps pas ouvert d'enquête « faute d'élément permettant d'identifier la victime des faits dénoncés ».

Le 14 juin 2022, une troisième accusation vise Damien Abad pour violences sexuelles. Elle est portée par une centriste qui, après avoir pris les conseils d'une avocate, a décidé elle aussi de parler : « Aujourd'hui je ne peux plus me taire. Si je parle, c'est pour que ça s'arrête, qu'il ne puisse pas recommencer[2]. » Elle clame également disposer de nombreux témoignages décrivant un élu « tout-puissant » aux « gestes et propos déplacés dans le cadre professionnel, notamment à l'égard de femmes de son parti au statut inférieur ». Cette fois, le parquet de Paris ouvre une enquête préliminaire contre Damien Abad pour « tentative de viol ».

### *L'exemplarité de l'intime, nouveau label politique*

Confronté à toutes ces attaques, le ministre rétorque qu'il n'a « jamais violé une seule femme de [s]a vie »

1. Le parquet a précisé qu'« une première plainte déposée pour des faits de viol a été classée sans suite le 6 avril 2012 du fait de la carence de la plaignante » et qu'une deuxième plainte « pour les mêmes faits a été classée sans suite le 5 décembre 2017 », faute « d'infraction suffisamment caractérisée » (France 24, 25 mai 2022, https://www.france24.com/fr/france/20220525-affaire-damien-abad-la-justice-n-ouvre-pas-d-enqu%C3%AAte-en-l-%C3%A9tat-sur-les-accusations-de-viols).

2. Https://www.mediapart.fr/journal/france/140622/violences-sexuelles-de-nouvelles-accusations-visent-le-ministre-damien-abad.

— et, devant l'ampleur que tout cela prend sur les réseaux sociaux, il explique, suscitant ainsi un certain malaise, que son handicap ne lui permet de toute façon pas, pratiquement parlant, de commettre des agressions : « Je suis contraint aujourd'hui de préciser que, dans ma situation, l'acte sexuel ne peut survenir qu'avec l'assistance et la bienveillance de ma partenaire. Qu'il ne m'est nullement possible d'imposer telle ou telle pratique, tel ou tel geste[1]. » Et quand un journaliste lui demande s'il compte quitter le gouvernement, il répond : « Un homme innocent doit-il démissionner ? »

Sans se prononcer sur l'affaire en soi, qui relève de la justice et non pas du tribunal populaire, relevons que cette mise à nu médiatique porte à son paroxysme l'exigence de transparence vis-à-vis de nos politiques. Ainsi entendons-nous, entre gêne et sidération, une ancienne aide-soignante de Damien Abad décrire son quotidien avec la plus grande minutie, transformant chacun de nous en voyeur. « Si j'intervenais, c'est justement parce qu'il ne pouvait pas tout faire tout seul, au vu de son handicap au niveau de ses membres supérieurs et inférieurs, sa maladie l'empêchant de déployer ses doigts. Il a les mains vraiment crispées. Pour lui, c'était vraiment très compliqué de s'occuper de lui tout seul », explique-t-elle, précisant encore qu'elle intervenait « pour l'essuyage et l'habillage car il est dans l'incapacité de mettre une chemise et encore moins de la boutonner[2] ».

1. *Le Figaro*, 22 mai 2022, https://www.lefigaro.fr/politique/nouveau-gouvernement-damien-abad-vise-par-des-accusations-de-violences-sexuelles-20220522.

2. Cnews, 24 mai 2022, https://www.cnews.fr/france/2022-05-24/affaire-damien-abad-le-temoignage-de-lancienne-aide-soignante-du-ministre-des.

Et bien sûr, plus question de secret médical : on apprend que Damien Abad souffre d'arthrogrypose, « une maladie neuromusculaire congénitale rare qui se traduit par des déformations et des raideurs articulaires, limitant l'amplitude des mouvements ».

Ces accusations n'empêcheront pas l'intéressé d'être réélu aux élections législatives de juin 2022, dans son fief d'Oyonnax, avec 57,86 % des voix. Ce qui fait dire à l'éco-féministe Sandrine Rousseau[1] sur TF1, au soir des résultats : « Si Damien Abad reste ministre, nous serons plusieurs à faire une opposition comme jamais pour que cette personne n'ait pas de voix légitime à l'intérieur de l'Assemblée nationale [...]. On ne peut pas se contenter d'humilier encore la parole des femmes. Le jour où Damien Abad entrera dans l'Assemblée, il y aura cent quatre-vingts députés de la Nupes qui feront le chahut nécessaire pour qu'on ne puisse pas l'entendre. »

Il est donc clair que la justice, dans ce cas, ou en tout cas une forme galvaudée de justice, comme je l'ai déjà dit dans d'autres écrits[2], se rendra dans l'hémicycle de l'Assemblée nationale, au sein de laquelle les élus appliqueront la sanction du bâillon en lieu et place des magistrats d'un tribunal. Le couperet tombera de toute façon lors de la formation du deuxième gouvernement Borne, en juillet 2022, dont Abad sera exclu — à la suite selon lui de « calomnies ignobles ». Il dénoncera un « mouvement qui relègue la présomption d'innocence au rang de vieillerie sans importance » ainsi que « la violence inouïe de telles

1. Sandrine Rousseau a été élue députée Nupes le 19 juin 2022, dans la 9e circonscription de Paris, avec 58,05 % des voix.

2. Emmanuel Pierrat, *Les Nouveaux Justiciers. Réflexions sur la cancel culture*, Bouquins, 2022.

pratiques orchestrées [...] et relayées sans discernement médiatique[1] ».

*« Il s'est voulu César, il est mort Pompée ! »*

Si le traitement médiatique de ce type d'affaires a été considérablement modifié à cause des réseaux sociaux, le phénomène de l'élu « tout-puissant » aux « gestes et propos déplacés » à l'égard de femmes « au statut inférieur » n'est pas nouveau. Nous reparlerons bien sûr longuement du scandale qui nous vient immédiatement à l'esprit en la matière : celui qui en 2011 impliqua « DSK » (Dominique Strauss-Kahn), accusé d'agression sexuelle, de tentative de viol et de séquestration sur une femme de chambre de l'hôtel Sofitel à Manhattan (New York), Nafissatou Diallo.

Mais Dominique Strauss-Kahn ne fut pas le premier dans ce registre : le digne Raymond Poincaré (1860-1934), président de la République française entre 1913 et 1920, s'y est également illustré ! L'écrivain et journaliste Patrick Girard[2] cite cet épisode assez peu connu du grand public, au cours duquel l'homme d'État s'est lui aussi placé en situation de ruiner sa carrière politique. Nous sommes en 1903, Poincaré se rend à Rome en train. Et voilà qu'il s'aventure « à lutiner une employée de la Compagnie des wagons-lits

1. *HuffPost* (et AFP), 4 juillet 2022, https://www.huffingtonpost.fr/entry/damien-abad-quitte-son-ministere-avec-beaucoup-de-regrets-et-denonce-des-calomnies-ignobles_fr_62c2bde6e4b00a9334eab6b4?utm_source=Sailthru&utm_medium=email&utm_campaign=NLsoir0407&utm_term=fr-daily-brief.

2. Patrick Girard, *Sexe, mensonges et politiques*, Jean-Claude Gawsewitch, 2011.

venue nettoyer son compartiment ». Mais il se trouve que la « soubrette » apprécie bien peu cet « hommage rendu à ses charmes » et lui retourne « une vigoureuse paire de claques ». Patrick Girard raconte qu'elle s'est « fait longtemps prier avant d'accepter d'étouffer l'affaire moyennant un pourboire ». Ce qui n'empêchera pas Poincaré d'accéder aux plus hautes fonctions de l'État dix ans plus tard.

Autre exemple d'homme politique de renom, très apprécié mais « grand coureur de jupons » à un point addictif : Léon Gambetta (1838-1882) — « d'une certaine manière le DSK des années soixante-dix du XIXe siècle », écrit Patrick Girard. À cette différence près que cela eut quelque influence sur l'exercice de ses fonctions — du moins pour ce qui concerna l'une de ses « muses » : la Judéo-Créole Léonie Léon, que Gambetta « laissa guider ses sens mais aussi ses idées ». Elle aurait ainsi été l'instigatrice d'un projet de rencontre avec le chancelier allemand Otto von Bismarck à propos des « provinces perdues » d'Alsace et de Lorraine, projet qui ne s'est pas concrétisé[1]. Il convient de noter au passage que les formules assassines dont nous nous offusquons aujourd'hui fleurissaient en abondance à cette époque, y compris sur le dos de la mort du moqué. Ainsi à propos de Gambetta, mort d'une occlusion intestinale[2], Georges Clemenceau dira : « En tous les cas, c'est le

1. « Dans le climat revanchard de l'époque, explique Patrick Girard dans son livre déjà cité, cette initiative eût causé un véritable scandale. C'était un peu comme si, à peine élu à la Maison-Blanche, Barack Obama avait annoncé son intention de fumer le calumet de la paix avec Oussama ben Laden. » Cette suggestion de « la muse de Gambetta » fit peser sur elle le soupçon de collusion en faveur des Prussiens.

2. Patrick Girard rappelle les circonstances de la disparition de Gambetta, qui ne sont pas banales. « Lors d'une explication orageuse entre les deux amants, le 27 novembre 1882, Léonie Léon aurait saisi l'un des pistolets pour

cul qui l'a tué ! » — de même qu'il avait commenté la mort du président de la République Félix Faure (1841-1899), travaillé au corps par sa maîtresse : « Il s'est voulu César, il est mort Pompée ! »

### *Quand « débats parlementaires » rimait avec « ébats »*

Longtemps, certains hommes politiques se sont considérés comme étant au-dessus des lois — et spécialement dans le domaine du sexe —, quitte d'ailleurs à les modifier, puisqu'ils en avaient le pouvoir. Entrer en politique nécessitait certes une vocation mais ne signifiait pas pour autant une obligation de chasteté et/ou de fidélité exemplaire à l'épouse. Les liaisons et autres « galipettes » sont regardées comme « un dérivatif aux lourds soucis qui empoisonnent leur existence quotidienne[1] », ainsi que l'atteste le sénateur Joseph Paul-Boncour (1873-1972), claironnant à l'une de ses conquêtes : « Dans tes bras, je me fous de la Yougoslavie ! »

Quel que soit le régime politique, seuls les intitulés changent — la « favorite » du roi devient l'« égérie de la République » —, même si cela suppose quelque contorsion idéologique. Un Adolphe Thiers (1797-1877), président de la République entre 1871 et 1873, pourtant « ardent défen-

se suicider et Gambetta, en l'empêchant de commettre l'irréparable, se serait blessé ou aurait été blessé à la main et soigné de si médiocre manière [...] qu'il succomba, quatre semaines plus tard, à une occlusion intestinale provoquée par sa longue immobilisation au lit » (*ibid.*).

1. *Ibid.*

seur de la toute-puissance du clergé[1] », n'hésite pas à pratiquer le triolisme (belle-mère, épouse, belle-sœur : « les trois moitiés de M. Thiers », se moquent plaisamment les journalistes) ou l'exhibitionnisme lors de ce qui fut nommé le « scandale de Grandvaux ». « En 1834, alors qu'il était déjà ministre, il [Adolphe Thiers] avait participé, au château de Grandvaux, en Bourgogne, à une soirée bien arrosée en compagnie de deux collègues, du préfet de Paris, de quelques militaires, soirée durant laquelle il était apparu en chemise de nuit et avait montré à l'assistance la partie la plus charnue de son corps[2]. » Contrairement sans doute à l'époque actuelle, qui exige l'exemplarité des hommes politiques jusque dans leur vie privée, Adolphe Thiers s'imposait comme un homme d'ordre, parfois de façon radicale — peut-être pour « faire oublier » ses frasques ou s'en excuser implicitement ? Faites ce que je dis mais ne faites pas ce que je fais.

Dans les années 1930-1940, les « aventures galantes » des politiques non seulement se banalisent dans leur perception mais jouent un certain rôle à la Chambre des députés et au Sénat. Les députés ont en effet leur maîtresse « attitrée », c'est l'époque fastueuse des « demi-mondaines » et des maisons célèbres comme le One Two Two ou Le Chabanais. Le One Two Two est une maison close de luxe extrêmement réputée en ce temps-là. Son nom est la traduction du numéro de la rue où elle se trouve, au 122 rue de Provence, Paris 8e. C'est aussi un cabaret fréquenté par la « haute société » et des artistes reconnus tels que Jean

1. Parce qu'il « compte sur lui pour propager cette bonne philosophie qui apprend à l'homme qu'il est ici-bas pour souffrir et non cette autre philosophie qui dit au contraire à l'homme : "Jouis" » (*ibid.*).

2. *Ibid.*

Gabin, Mistinguett, Charlie Chaplin, Raimu, Michel Simon, Martine Carol, Édith Piaf, Marlene Dietrich… Pendant la guerre et sous l'Occupation, il fut l'un des établissements les plus prisés des officiers allemands. Le Chabanais est une autre maison close jouissant (c'est le cas de le dire) d'une immense notoriété dépassant largement les frontières de la France à cette époque. Situé au 12 de la rue dont il porte le nom, dans le 2e arrondissement de Paris, Le Chabanais compte parmi ses clients les personnages les plus influents, comme le futur roi Édouard VII qui, dit-on, aimait s'y prélasser « de longues heures dans une baignoire en cuivre remplie de champagne, décorée d'une figure de proue en forme de sirène ». L'établissement était « réservé à l'élite ». Ainsi, nous explique Lokman Kantar dans le *Vanity Fair* du 3 juillet 2020, « l'on pouvait aisément apercevoir une fille de joie au bras de Toulouse-Lautrec, croiser Guy de Maupassant sortant de la chambre japonaise. Hommes politiques, diplomates, artistes : chacun d'entre eux voulait goûter aux charmes mystérieux des courtisanes du Chabanais. Toujours dans un souci de discrétion et de bienséance, les clients étaient accueillis au rez-de-chaussée, dans une grotte en pierre artificielle. À l'entrée de la maison était inscrit : *Welcome to the Chabanais, the house of all nations*[1] ».

« Ces amours eurent parfois des incidences sur l'activité législative du pays, explique encore Patrick Girard. Les soirs de scrutin serré à la Chambre, on savait au moins où trouver les voix nécessaires pour renverser ou soutenir le gouvernement. Les sous-maîtresses du Chabanais bat-

1. Https://www.vanityfair.fr/savoir-vivre/story/la-folle-histoire-du-chabanais-la-maison-close-la-plus-prisee-des-grands-de-ce-monde/12056.

taient civiquement le rappel des troupes[1]. » Sans parler de la contribution de ces dames à l'élaboration de nouvelles lois. Pour l'anecdote, si le bas de certains arbres était à une époque peint en blanc, nous le devions aux amours qu'entretenait l'homme d'État André Tardieu (1876-1945) avec l'actrice Mary Marquet (1895-1979). En effet le député avait failli, à la nuit tombée, percuter l'un de ces arbres — et sa passagère lui avait fait la remarque suivante : « Si ces arbres étaient peints en blanc, on les verrait mieux. » Ni une ni deux, un projet de loi fut ensuite examiné par la Chambre — « chaudement défendu par le président du Conseil de l'époque, André Tardieu, dont la passion pour cette question ne suscita aucune interrogation[2] ».

Cet exemple pourrait prêter à sourire si par ailleurs Tardieu, pourtant réputé strict en matière de finances publiques, n'avait pas, de toute évidence sous l'influence de sa liaison avec Marquet et pendant le temps qu'elle dura, apporté son soutien concret à la Comédie-Française[3].

### *Gloire au « drapeau levé » pour la République !*

Collectionner les aventures plus ou moins discrètement ne constitue donc pas, en ces années-là, un frein à l'évolution d'une carrière politique — il est même de bon ton d'afficher une certaine verdeur physique, tel un signe de bonne santé patriotique. Ainsi le député radical du Rhône

1. *Sexe, mensonges et politiques, op. cit.*
2. *Ibid.*
3. « Si la Comédie-Française ne fait pas de bonnes recettes, je rétablirai l'équilibre », écrit-il à sa maîtresse (*ibid.*).

Édouard Herriot (1872-1957), qui fut aussi ministre des Travaux publics, des Transports et du Ravitaillement, n'éprouvait aucune gêne — bien au contraire — à montrer la vigueur et le parfait état de fonctionnement de ses attributs. Alors que son « drapeau levé » suscitait quelque émoi admiratif chez celle qui le considérait, il aurait répondu : « Je dois bien cela à la République[1] ! »

Une « tradition du dévergondage » que confirment les journalistes Christophe Deloire et Christophe Dubois[2]. Cinq à sept, « sport entre deux portes », existence au Palais-Bourbon de « confessionnaux », sortes de petits salons en vogue de 1880 à la IVe République, réservés aux députés et où ils reçoivent certaines femmes influentes, mais surtout gracieuses et belles... « Débats parlementaires » rime donc allègrement avec « ébats » !

Les hommes politiques du XXe siècle ne cachent pas, voire cultivent officieusement, bienséance oblige, leur appétit pour les conquêtes amoureuses, donnant l'impression qu'il s'agit d'une corde nécessaire à leur arc en plus d'être un exutoire. « Chez nous, l'*Homo politicus* est souvent porté sur la chair, expliquent encore Christophe Deloire et Christophe Dubois. Il a le goût de la sensualité. Il aime conquérir les femmes. [...] Son moteur est le désir, son but le plaisir. Énarque besogneux qui a longtemps mis ses pulsions en berne, ancien militant de base ayant passé ses nuits à coller des affiches [...]. *Sexus politicus* cherche la récompense. Après tant d'efforts et d'abnégation, le pouvoir lui offre enfin la faveur de plaire aux

1. *Ibid.*
2. Christophe Deloire, Christophe Dubois, *Sexus politicus*, Albin Michel, 2006.

dames. Le pouvoir, cet "aphrodisiaque absolu" selon les mots de Kissinger, qui rend beaux même les plus laids[1]. »

*La morale à l'aise… dans son corset*

Il semblerait donc qu'avant l'ère #MeToo l'attraction physique qu'exerçaient les hommes politiques ait été implicitement considérée comme inhérente à leur fonction — « Mussolini n'était pas un amant de grand talent. Un sablier de trois minutes suffisait. Mais les femmes disaient qu'elles avaient connu l'extase[2] » — sans que cela les dispense de respecter officiellement certaines convenances.

Par exemple, dans les années 1970, il est impensable de prétendre à la fonction de président de la République sans avoir une épouse à ses côtés. Le divorce, ainsi que l'avait envisagé Jacques Chirac au moment de son histoire d'amour avec une journaliste du *Figaro*[3], est considéré comme un « suicide » politique. Jacques Chirac est alors Premier ministre sous la présidence de Valéry Giscard d'Estaing. « La passion n'est pas conciliable avec le pouvoir », lui assène la déjà très influente Marie-France Garaud. La relation « fusionnelle » entre Jacqueline Chabridon et Jacques Chirac prendra fin à l'été 1976. On exigera qu'elle le quitte « dans l'intérêt de la France ». Sous la

1. *Ibid.*

2. Il s'agit d'une citation extraite du livre de Jacques Georgel, *Sexe et politique*, Apogée, 1999 — mentionnée dans l'ouvrage déjà cité de Christophe Deloire et Christophe Dubois, *Sexus politicus*, *op. cit.*

3. Https://www.gala.fr/l_actu/news_de_stars/jacques-chirac-et-jacqueline-chabridon-leur-dernier-rendez-vous-rate_435685, et pour la citation : *Sexus politicus*, *op. cit.*

pression, Chirac finira par rompre : « J'ai l'interdiction de te revoir », lui dit-il. Jacqueline Chabridon fera une tentative de suicide qui lui coûtera deux jours de coma.

« En septembre 1976, elle obtient de le revoir une dernière fois. L'entrevue se déroule dans le bureau de Marie-France Garaud, dans une annexe de Matignon, rue Vaneau. La gêneuse n'a pas le temps de s'apitoyer sur son sort que l'un des jeunes cadres du parti pousse la porte et interrompt les adieux. Dans les dîners en ville, la rumeur se propagera qu'un plombier a mis fin à cette scène tragique. Non, c'était Juppé. Quelques mois plus tard, Jacques Chirac crée le Rassemblement pour la République (RPR) qui le portera finalement jusqu'au sommet. »

En 2007, Ségolène Royal et Nicolas Sarkozy s'affrontent au second tour de la présidentielle. Pour la première fois, ces deux candidats n'étaient pas mariés ; l'une vivait en union libre avec François Hollande tandis que l'autre avait rompu avec sa femme Cécilia.

Mais ne nous méprenons pas : l'apparente liberté de mœurs dont jouissent les politiques au XXe siècle ne correspond pas pour autant à une évolution de la morale vers davantage de tolérance. L'ensemble demeure corseté, et les incartades des uns et des autres restent autant que possible dissimulées. Durant les dix années de présidence du général de Gaulle, entre 1959 et 1969, que l'on présente souvent comme une période idyllique à tous points de vue, son épouse, surnommée Tante Yvonne, était connue pour sa rigidité absolue : elle exigeait de l'entourage de son mari qu'il soit irréprochable. Elle refusait de recevoir à sa table les divorcés — encore moins les libertins —, elle prononçait un jugement défavorable à l'encontre de tout candidat à un poste ministériel dont la vie privée n'était pas, selon ses critères, exemplaire et sans tache. Le général tenait compte de ses avis. C'est ainsi qu'Olivier Guichard, pourtant un de ses proches compagnons de route, fut écarté d'un ministère en 1958 en raison d'une liaison avec la journaliste Daisy de Galard, alors mariée à Hector de Galard, l'un des fondateurs du *Nouvel Observateur*. De même, certains ministres homosexuels seront contraints de se marier « pour ne pas déplaire au cerbère de l'Élysée[1] ».

*Ma vie privée !*

Des maîtresses en nombre, des enfants adultérins, des jeux libertins dans des lieux patentés… Le monde politique n'aime guère que l'on expose sa vie privée, quand bien même celle-ci serait en contradiction avec la morale prêchée auprès des électeurs. Le début d'année 2014 aura été agité par la vie privée de François Hollande, alors chef de l'État, qui se rendait en scooter chez son amoureuse, tandis que le Premier ministre batifolait entre la France et l'Espagne. Il n'a pas attaqué *Closer* mais a fini par officialiser la rupture… Et, de fait, la jurisprudence sur les politiques ne tourne guère en leur faveur. Tous se lancent alors dans une bataille perdue d'avance : Dominique Strauss-Kahn assigne le romancier Régis Jauffret, après Marcela Iacub et tant d'autres — qui le couchent… sur le papier ; Ségolène Royal a une dent judiciaire contre la presse people. Sans oublier Marine Le Pen qui se plaint de *VSD*.

Ils ont infléchi peu à peu leur jurisprudence, mais il faut aider nos juges à renverser le principe erroné selon lequel

1. *Sexus politicus*, *op. cit.*

la règle, en politique, serait le respect de la vie privée, au détriment de la liberté d'expression. Un homme — une femme — d'État n'a plus rien à cacher : il ou elle a fait don de sa personne aux citoyens, pour ne pas risquer de les inquiéter, voire de les berner.

Les observateurs offusqués qui se disent patentés confondent la vie privée de l'article 9 du Code civil (« chacun a droit au respect de sa vie privée ») avec celle de l'article 226-1 du Code pénal (qui vise les photos prises dans un domicile et les micros cachés) et surtout les termes de l'article 12 de la Déclaration universelle des droits de l'homme (« Nul ne sera l'objet d'immixtions arbitraires dans sa vie privée, sa famille, son domicile ou sa correspondance »). La diffusion d'une information ou d'une rumeur et l'immixtion arbitraire ne relèvent pas du même registre. On ne peut exciper de celle-ci pour fustiger celle-là, comme une Marianne effarouchée qui remettrait son voile afin de mieux se dérober aux regards légitimes, elle qui a décidé de s'exposer et nous a tant promis (liberté, égalité, fraternité et fidélité !).

La vie privée des élus concerne d'abord les électeurs : Julie Gayet et François Hollande ont-ils utilisé un appartement financé par l'argent public ? La fidélité proclamée et contredite n'appartient-elle pas au domaine de l'information ? Et cette analyse est valable pour le roman comme pour la presse — Zola a aussi bien œuvré dans « J'accuse » que dans *Germinal*.

Rappelons aux âmes sensibles que ce débat est né avec trois grandes « affaires ».

Mazarine, d'abord, dont *Paris Match* a révélé l'existence au grand public. Et là encore, l'argent public et la fidélité se nichent au cœur de l'intrigue. François Mitterrand savait qu'il n'aurait pas gagné en référé. Roland Dumas, dans *Coups et blessures. 50 ans de secrets partagés avec François Mitterrand*, raconte très bien cette lucidité du président.

Celui-là même qui a été désavoué *post mortem* — et la justice française avec — par la Cour européenne des droits de l'homme, le 18 mai 2004, à propos de l'interdiction du *Grand Secret* du docteur Gubler : « L'intérêt public du débat lié à l'histoire des deux septennats du président Mitterrand l'emportait sur les impératifs du secret médical. »

En 1999, des maires « de France » — comme si les autres étaient des métèques inaptes à conduire des villes et les affaires publiques — ont défilé contre le Pacs. Parmi eux, un homme politique d'envergure scandait « les pédés au bûcher », alors que sa vie privée était déjà bien chaude au risque de devenir brûlante.

Cette question de l'impossible vie privée des politiques, et dont la protection est muselée par la tournure qu'a prise l'article 9 dans les décennies qui ont suivi sa création, rejoint celle de l'*outing*, sans doute bien souvent nécessaire, qu'il s'agisse de l'homosexualité ou de l'appartenance à la franc-maçonnerie.

Les temps changent : c'est ainsi que l'ouvrage *Le Front national des villes & le Front national des champs*, signé par Octave Nitkowski — un jeune homme alors âgé de 17 ans et devenu depuis avocat après être passé par mon cabinet —, a fait l'objet de poursuites début décembre 2013 par Steeve Briois, secrétaire général du Front national et candidat à Hénin-Beaumont, ainsi que par son compagnon. L'essai consacre notamment un chapitre, intitulé « La flamme arc-en-ciel », aux prises de position timorées de Marine Le Pen lors du vote sur le « mariage pour tous ». Le 12 décembre

2013, le tribunal de grande instance de Paris leur a donné raison. Mais, dès le 19, la cour d'appel de Paris a estimé que, Steeve Briois étant une « personnalité politique de premier plan », « le droit du public à être informé » sur ce dernier « prime sur le droit au respect de ce pan de sa vie privée » : « L'évocation de l'homosexualité de M. Briois et de la supposée influence de cette orientation sexuelle sur la politique du Front national [...] est de nature à apporter une contribution à un débat d'intérêt général. » En revanche, son compagnon, « dont la notoriété ne dépasse pas le cadre régional », a obtenu la suppression des passages du livre le concernant.

Ces dernières années, plusieurs décisions rendues par la Cour européenne des droits de l'homme se réfèrent à la notion d'intérêt général. Les arrêts de la Cour de cassation commencent à suivre ce mouvement moins rigoriste pour ceux qui écrivent et publient.

Aujourd'hui, la quasi totalité des politiques ont ouvert la porte de la chambre à coucher — se montrant en famille, en maillot de bain, à cheval, usant de leur conjoint à longueur de meeting, ou, tel Jacques Chirac, posant avec leur petit-fils écoutant un walkman dans les jardins de l'Élysée : leurs juges estiment donc logique que les éditeurs s'y introduisent.

Malgré quelques timides procès, François Hollande, avec Ségolène Royal puis Valérie Trierweiler, a largement associé l'image de ses compagnes à sa vie politique, à commencer par Ségolène Royal posant à la maternité. Attendons-nous à ce qu'il nous annonce de prochaines noces. « Hollande a échoué à rejeter l'intime hors de la sphère politique », souligne Élise Karlin dans *L'Express*.

Il est temps de donner raison à Guy Birenbaum, qui s'est

senti bien seul lors de la parution de *Nos délits d'initiés,* dénonçant, en 2003, cet archaïsme hexagonal.

*La plus vieille attaque politique*

Exposer la sexualité de son adversaire, ou prétendre la dévoiler : il faut dire, à la décharge du milieu politique, que cette attaque constitue un classique du coup bas en période de campagne électorale ou pour déstabiliser ses opposants ou le pouvoir en place.

À la cour de Versailles, libertinage et politique formaient déjà un couple indissociable. Depuis le XVIIe siècle, les romanciers libertins utilisent leurs écrits pour régler des comptes. Au XVIIIe siècle, Crébillon fils est assez représentatif : *L'Écumoire,* publié en 1734, s'en prend aux questions religieuses, et donc politiques.

Les pamphlets contre la cour sont le corollaire d'une telle « compromission ». Parus avant et pendant la Révolution, ils décrivent d'abord Versailles, puis prennent à partie les acteurs des événements de la République balbutiante. Nombre de ces écrits sont rédigés dans le dessein de faire chanter. Les *Mémoires secrets d'une femme publique* de Théveneau de Morande sont ainsi rachetés par Beaumarchais, envoyé spécial de la cour à Londres pour, en 1774, faire détruire ce pamphlet sur les mœurs de la Du Barry.

Progressivement, le chantage monétaire laisse place à l'assassinat politique pur et simple. La reine ou la monarchie dans son ensemble sont la cible privilégiée de ces attaques. Sans chercher à être exhaustif, citons, dès 1779, *Les Amours de Charlot et Toinette.* 1789 a vu surgir *L'Autrichienne en goguettes ou l'Orgie royale,* qui met en scène une souveraine bisexuelle. En 1790, sortent le *Testament de Marie-Antoinette, veuve Capet*, suivi de *La Cause de la Révolution française ou La Conduite secrète de Marie-Antoinette d'Autriche, reine de France*, ou encore, dans un autre registre, *Les Enfants de Sodome à l'Assemblée nationale* et *Vie privée et publique du ci-derrière marquis de Villette, citoyen rétroactif*. Sont aussi proposés à la vente, de moins en moins clandestine, la *Conférence entre Madame de Polignac et Madame de La Motte au parc Saint-James*, *Le Nouveau Dom Bougre à l'Assemblée nationale* ou *L'Abbé Maury au bordel*, qui couche avec la reine et « plusieurs illustres personnages ». La comtesse de Balbi, maîtresse de Monsieur, est à son tour visée nommément au sein de *Marie-Antoinette dans l'embarras ou Correspondance de La Fayette avec le roi, la reine, La Tour-du-Pin & Saint-Priest*. Le frontispice représente ainsi la reine entourée de militaires avec pour légende « Bravo ! Bravo ! La reine se pénètre de la Patrie… » : on y trouve un « Dialogue entre Marie-Antoinette, Monsieur, et la ci-devant comtesse du Balai ». Enfin, les émigrés sont la cible des *Délices de Coblentz ou Anecdotes libertines des émigrés français*, publié en 1792.

Cette énumération, loin d'être exhaustive, montre néanmoins combien sexe « hors norme » — autrement dit, pour l'époque, hors mariage — et règlements de comptes politiques sont fréquemment associés. La difficulté est que, bien entendu, il est quasi impossible de se défendre : Marie-Antoinette, accusée notamment d'inceste, en appelait « à toutes les mères de France », incapable qu'elle était de rapporter la preuve d'un fait n'ayant pas eu lieu…

C'est pourquoi le bât blesse autant lorsque le politique se sert de sa vie privée pour gagner les faveurs du peuple. Le revers de la médaille pèse alors très lourd dans la balance de l'opinion publique.

*Le* coming out *: opération à risque*

Alors que la classe politique abreuve depuis de nombreuses années les médias en informations sur une supposée vie de famille idéale, se montrant avec femme et enfants en vacances, les mêmes s'indignent dès que l'image travaillée à l'aide de communicants se trouve bouleversée par des révélations en forme de rectifications.

En France, le premier cas d'*outing* d'un homme politique a été jugé sur ce fondement, en 2003, par le tribunal de grande instance de Paris, qui a condamné l'auteur de l'article litigieux, paru dans un journal gratuit gay[1]. La cour d'appel de Paris a confirmé cette vision un an plus tard. À cette occasion, il a pourtant été évoqué le fait que l'allusion à l'homosexualité d'un homme politique est de plus en plus entendue comme l'appartenance à un groupe social particulier, renseignant les électeurs, et beaucoup moins comme un éclairage intrusif sur la vie sentimentale. Ainsi, lorsque, en 1998, Bertrand Delanoë a lui-même fait état de son homosexualité sur M6, il a très clairement fait la distinction entre cette révélation, qui ne portait pas, selon lui, atteinte à sa vie privée, et l'indication de tout détail à propos de l'identité de son compagnon.

La cour d'appel de Paris a d'ailleurs considéré, en cette même année 1998, qu'une photographie de jeunes gens défilant à la Marche des fiertés — la fameuse Gay Pride — ne violait pas le respect de leur vie privée. D'après les magistrats, les lecteurs ne pouvaient déduire du cliché que les protagonistes, même juchés sur un char pour y danser torse nu, étaient

1. J'ai plaidé pour le journal et le journaliste.

homosexuels. Ils n'en ont pas moins sanctionné l'éditeur de l'ouvrage litigieux sur le fondement du droit à l'image dont chacun dispose classiquement en presque toute occasion.

Soulignons encore le jugement rendu par le tribunal de grande instance de Paris, en avril 2006, en faveur de *L'Expansion*. Le journal avait fait état de l'homosexualité de deux personnalités de premier plan dans un article sur les supposés « réseaux gays ». Dans ce cas précis, les allusions publiques des intéressés à leur goût pour les garçons ont été retenues par les juges pour les débouter de leur action en justice.

Ainsi, chacun — quidam ou célébrité — bénéficie d'une protection juridique concernant sa sexualité, à condition de ne pas avoir procédé auparavant à un *coming out* retentissant. Mais, pour l'heure, celui qui défilait hier contre le Pacs et aujourd'hui s'oppose au mariage entre personnes du même sexe au nom d'une conception classique, parfois religieuse, de la famille peut manifestement disposer à loisir d'un amant et assigner dès qu'une allusion à ce double jeu affleure dans la blogosphère.

De manière générale, l'homosexualité[1] des politiques est, jusqu'à la fin du XXe siècle, entourée d'un vrai « tabou » — il en est d'ailleurs peu question en tant que telle, la police usant par exemple de termes comme « antiphysiques[2] » ou « invertis ».

Le premier homme politique à s'être publiquement déclaré homosexuel s'appelle André Labarrère (1928-2006).

1. Rappelons qu'il faudra attendre le 4 août 1982 pour que, sur proposition du ministre de la Justice Robert Badinter, l'Assemblée nationale vote la complète dépénalisation de l'homosexualité. Parallèlement, elle sera retirée de la liste des maladies mentales de l'Organisation mondiale de la santé en 1990.

2. *Sexus politicus*, *op. cit.*

Il occupa nombre de fonctions importantes — maire socialiste de Pau, député, sénateur, ministre —, se flattant[1] du surnom qui lui était attribué : l'« Embrayage », car c'est « la pédale de gauche ».

Autre personnalité à faire son *coming out*, en l'occurrence dans l'émission de télévision de M6 *Zone interdite* en 1998[2] : Bertrand Delanoë, successivement conseiller de Paris, député, sénateur et maire de Paris. Il espère ainsi « rendre les choses un peu plus simples pour d'autres personnes », mais au moment où il fait cette déclaration il prend un risque politique dont il ne peut prévoir ni mesurer les éventuelles répercussions.

Or, sa démarche sera largement approuvée, et seuls quelques éléments isolés la critiqueront, à l'instar de Nicolas Sarkozy : « Quelle mouche a bien pu piquer Bertrand Delanoë de vouloir à tout prix révéler son homosexualité au motif de sa candidature à la mairie de Paris ? [...] En quoi cet événement privé se révélera-t-il déterminant pour juger de la capacité de M. Delanoë à devenir un bon maire ? Dois-je à mon tour confesser mon hétérosexualité pour être considéré ? Tout cela me paraît déplacé, hors sujet, dangereux, et en tout état de cause inutile. Cet aveu public sonne comme une expiation mauvaise, il justifie de surcroît toutes les violations ultérieures de la vie privée. Puisque certains avouent si spontanément, alors pourquoi se gêner avec les autres sur qui la pression sera d'autant plus forte[3] ? »

1. André Labarrère publia en 1997 un récit autobiographique intitulé *Le Baron rouge*, aux Éditions Ramsay.

2. Lien vers la vidéo de ce *coming out* : https://www.dailymotion.com/video/x1ege3.

3. Extrait du livre de Nicolas Sarkozy, *Libre*, paru en 2001 aux Éditions Robert Laffont/XO Éditions (mentionné dans *Sexus politicus*, *op. cit.*).

Sur la question de favoriser, par cette démarche personnelle, les « violations ultérieures de la vie privée », Bertrand Delanoë n'aura aucun mal à répondre, car Nicolas Sarkozy exposera la sienne à l'envi, n'hésitant pas à mettre publiquement en scène rupture et rencontre au moment de son accession à la présidence de la République. « Nicolas Sarkozy, vous passez votre temps non "à confesser", mais à afficher votre hétérosexualité[1] », lui rétorquera Delanoë, rappelant au passage que lui ne s'est jamais affiché dans tous les médias avec un compagnon…

*Politique et activisme « LGBTQIA+ » !*

Le personnel politique, gay ou pas, se débat aujourd'hui aussi avec l'activisme dit « LGBTQIA+ » (les lesbiennes, les gays, les bisexuels, les trans, les queers, les intersexes, les asexuels, « et tous les autres » correspondant au « + »).

La polémique concernant la ministre Caroline Cayeux, ancienne maire de Beauvais et nommée au gouvernement Borne 2 en juillet 2022, l'atteste. Interrogée juste après sa nomination sur ses propos anti « mariage pour tous », elle s'est enfoncée en utilisant l'expression « ces gens-là » pour parler des homosexuels. Et de se faire fustiger jusque par Clément Beaune, son collègue ministre ouvertement gay.

La lutte pour la reconnaissance des droits LGBTQIA+ est-elle devenue l'humus d'une société victimaire fondée sur la « hiérarchie des identités et des appartenances », comme

1. Dans son livre *La Vie, passionnément,* paru en 2004 aux Éditions Robert Laffont.

l'analyse Élisabeth Roudinesco[1], et où « l'affirmation identitaire » procède par « un excès de revendication de soi, voire par un désir fou de ne plus se mélanger à aucune autre communauté que la sienne » ?

Surprenant constat, alors qu'il aura fallu attendre 1982 pour que, par exemple, l'homosexualité soit dépénalisée — et 1990 pour que l'Organisation mondiale de la santé (OMS) la retire de sa liste des maladies mentales. Tant de souffrances et d'interminables luttes, jusqu'à la reconnaissance enfin accordée par la loi de 2013 sur le « mariage pour tous », pour qu'en 2021 *Le Figaro Magazine* pousse ce grand cri d'alarme : « École. Comment on endoctrine nos enfants. Antiracisme, idéologie LGBT+, décolonialisme... Enquête sur une dérive bien organisée[2] ».

L'expression « idéologie LGBT+ » est également reprise par le polémiste et candidat à l'élection présidentielle de 2022 Éric Zemmour : « Nous chasserons de nos écoles le pédagogisme, l'islamogauchisme et l'idéologie LGBT[3] ! » déclare-t-il lors de son meeting de Villepinte le 5 décembre 2021. Et d'ajouter sur Twitter qu'il entend par LGBTQIA+ « les minorités organisées qui font pression pour obtenir des évolutions de société qui sont à [s]es yeux néfastes ». Déjà en 2020, le président polonais sortant Andrzej Duda avait qualifié « l'idéologie LGBT » de « néobolchevisme » dont il faut « protéger les enfants » et « empêcher la propagation dans les institutions publiques[4] ».

En réalité, c'est une « idéologie de genre » qui est visée,

1. Élisabeth Roudinesco, *Soi-même comme un roi. Essai sur les dérives identitaires*, Seuil, 2021.

2. Dossier spécial des 12-13 novembre 2021.

3. *Têtu*, 6 décembre 2021.

4. *Le Figaro*, 13 juin 2020.

faisant elle-même écho à la « théorie du genre » — sorte de « déclaration de guerre à la réalité anatomique au profit d'un impératif “genré” » tendant à remplacer le « sexué », y compris dans les milieux de la presse, des politiques et des juristes, remarque Roudinesco. « On dirait que de nouveau le sexuel, la sexualité, le sexué, en bref tout ce qui a trait au sexe est banni au profit d'un puritanisme qui ne veut plus entendre parler de sexualité, sous prétexte que le mot renverrait à une scandaleuse biologie de la domination masculine, ce qui pourtant n'est pas le cas[1]. » Ainsi fustige-t-elle au passage le mouvement queer[2], à l'origine selon elle d'une nouvelle politique identitaire propre aux minorités (transgenres, bisexuels, intersexués… « mais aussi toutes les victimes d'une oppression dite “blanche” et “hétérosexuée” : Noirs, colorés, Chicanos, subalternes, colonisés, etc. ») qui « brouille les évidences en faisant éclater tout l'acquis de l'héritage beauvoirien à coups de performances et de radica-

1. *Soi-même comme un roi, op. cit.*

2. Le journal *Le Devoir*, qui s'est intéressé de près aux identités multiples, nous informe sur la signification du mot *queer* (« étrange », « bizarre ») et ses ramifications. À l'origine, « il a été détourné et récupéré dans le contexte de la lutte contre l'épidémie de sida, à la fin des années 1980 » (avec pour équivalent en France le mot-valise « transpédégouine »). « “Queer”, c'est le mot que l'on lançait à ceux qui n'étaient pas assez masculins, aux femmes aux allures de garçonnes, aux êtres dont le genre brouille les pistes. Devenu par la suite un étendard de la communauté, par un savant jeu de retournement du stigmate, le mot “queer” porte aujourd'hui un tout autre sens. C'est la fierté des anormaux, de celles et ceux pour qui la société n'est pas taillée et qui, sortant des moules, préfèrent vivre la tête haute. C'est le mot qu'ont choisi certain·e·s pour se définir, comme un pied de nez géant aux persécutions du monde patriarcal. C'est le choix de politiser sa sexualité, de construire du collectif, de remettre en question les rapports de domination, les diktats du genre » (9 juillet 2021, https://www.ledevoir.com/societe/616815/des-mots-pour-mieux-dire-q-comme-queer-ou-comment-nommer-des-identites-multiples).

lité[1] ». Compte tenu de sa composition, le mouvement queer ne peut que fonctionner selon un système de valorisation du statut victimaire de ses membres et par une multiplication à l'infini des identités de genre, pense l'historienne — « alors même que l'approche de la spécificité humaine doit reposer sur le constat de l'existence universelle des trois grandes déterminations qui la façonnent : le biologique (corps, anatomie, sexe), le social (construction culturelle, religieuse, organisation familiale) et le psychique (représentation subjective, genre, orientation sexuelle), étant entendu qu'il n'existe qu'une seule espèce humaine, quelles que soient les différences internes à cette espèce[2] ».

*Le supposé lobby gay*

L'existence d'un « lobby gay » est régulièrement soulevée, dont le but secret serait, outre de contrôler les médias, les sphères du pouvoir et de la politique, de « détruire l'humanité en transformant les petites filles et les petits garçons en escargots via la théorie du genre », ironise l'Association des journalistes lesbiennes, gays, bi·e·s, trans et intersexes[3]. Quant au reproche communautariste, susceptible de « mettre en danger » l'unité de la République, cette association le réfute, rappelant qu'évoquer la communauté homosexuelle n'est pas « négatif » en soi : c'est bien, selon elle, grâce à ce regroupement que des avancées notoires pour les LGBTQIA+ ont été obtenues, comme le « mariage pour

1. *Soi-même comme un roi, op. cit.*
2. *Ibid.*
3. AJL, https://www.ajlgbt.info/informer-sans-discriminer/lobby-gay-et-theorie-du-genre/.

tous » en 2013. « Il ne s'agissait pas ici de diviser la République mais au contraire d'inclure en son sein un groupe de personnes ; il s'agissait d'étendre un droit déjà existant à l'ensemble de la population, pas d'en attribuer un nouveau à un groupe de pression[1] », insistent ses membres.

Avis que ne partage pas Thierry Aimar, docteur en sciences économiques, maître de conférences à l'université de Lorraine et à Sciences Po, clairement opposé au multiculturalisme communautaire, selon lui fondé sur « l'antagonisme entre des groupes » et conduisant à la destruction de la société, dont l'existence repose sur « un échange mutuellement bénéfique entre des individus nécessairement singuliers ». Ainsi, pour lui, « nul besoin de défendre les droits des homosexuels ou des musulmans », car « l'objectif n'est pas de favoriser une diversité communautaire, mais de faire respecter des identités individuelles [...]. Plus l'identité communautaire est sacralisée, moins la singularité individuelle est respectée ». Thierry Aimar ne mâche pas ses mots et conclut sa démonstration anticommunautariste en affirmant que « l'attribution d'étiquettes communautaires n'est qu'un cache-sexe idéologique pour justifier la violation des règles de l'échange et la création de coalitions de prédateurs qui ponctionnent par leur réseau d'influence la richesse produite par d'autres[2] ».

1. *Ibid.*

2. Toutes les citations proviennent d'un article paru dans *L'Opinion* du 21 septembre 2020. Thierry Aimar argumente ainsi son propos : « Pas la peine d'interdire de se moquer des femmes ; il suffit de condamner toute désignation d'individus par des catégories communautaires. Nul besoin de défendre les droits des homosexuels ou des musulmans, il s'agit simplement de reconnaître aux individus la même liberté de choix en matière de religion ou de sexualité que pour n'importe quelle consommation, sans être pour autant étiqueté communautairement. On ne doit pas s'émouvoir du sort d'une personne parce qu'elle est noire, homosexuelle, musulmane. On doit

Se pose encore la question de la représentation équitable des différents groupes — ici les LGBTQIA+ —, notamment au cinéma, où des discussions ont lieu quant à l'attribution aux acteurs gays uniquement des rôles de personnages homosexuels. L'acteur hétérosexuel Matt Smith, par exemple, « défend son droit de jouer un homosexuel[1] ». De son côté, l'acteur gay Jim Parsons estime que « le combat dans son état actuel ne veut pas faire en sorte que seuls les acteurs gays jouent des rôles gays mais veut s'assurer que tous les rôles soient ouverts à tous les acteurs ». Il note au passage que *Brokeback Mountain*[2] est « un des films gays les plus touchants qu'[il ait] jamais vus et les deux acteurs hétéros étaient les meilleurs choix pour ces rôles[3] ».

Avis que nuance le comédien Jonathan Bailey : « Le fait que bon nombre d'hommes hétéros aient joué des rôles gays iconiques pour lesquels ils ont été applaudis est fantastique. Mais ne serait-ce pas brillant de voir des hommes gays jouer leur propre expérience[4] ? »

Le débat ne se résume cependant pas à une simple attribution de rôles d'homosexuels bien joués ou non par des

---

simplement se révolter contre une définition collective de ses préférences individuelles. Pour cela, il est nécessaire de réinculquer dans les esprits ce qui se trouve être la source même du paradigme libéral : le subjectivisme » (https://www.lopinion.fr/politique/communautarisme-et-guerre-identitaire-les-impasses-du-multiculturalisme-liberal-par-thierry-aimar-3-4).

1. *20 minutes*, 19 février 2019. « Je pense que votre orientation sexuelle, votre sexe ou vos choix extérieurs à votre travail, ne devraient pas influencer — de façon positive ou négative — ce qu'il se passe. Donc, pour moi, ça n'a pas d'importance que vous soyez gay ou hétéro. Cela n'a aucune incidence sur qui devrait avoir le rôle », précise-t-il.

2. En français : *Le Secret de Brokeback Mountain*, réalisé par Ang Lee (2005), avec Heath Ledger et Jake Gyllenhaal.

3. *Têtu*, 11 janvier 2021.

4. *Ibid.*

hétérosexuels. Il s'agirait en effet de mettre fin aux pratiques homophobes qui ont encore cours dans le milieu du cinéma, notamment parmi les décisionnaires de Hollywood, et il faut, même de nos jours, un certain courage aux acteurs et actrices pour révéler leur homosexualité.

Ce choix aurait des répercussions, ainsi que le révèle Matt Bomer : « Dire que cela n'a pas eu un impact négatif sur ma carrière serait un mensonge. C'est même une réalité[1]. » Propos confirmés par Billy Eichner : « Quand une personnalité sort du placard, elle est célébrée. On l'applaudit. On la met en couverture de magazines. On lui dit "merci d'être honnête, merci d'être courageuse, vous êtes un tel modèle pour les enfants gays". Et, au même moment, cet acteur est retiré de tellement de listes de casting[2]. »

Enfin, quand des voix s'élèvent pour dénoncer le communautarisme LGBTQIA+, il faut aussi avoir présent à l'esprit que pendant des décennies les stars homosexuelles ont été placardisées sous prétexte que « le public ne pourrait pas fantasmer sur un acteur principal ou une actrice principale s'il savait que la personne en question était gay, bi ou lesbienne[3] ».

Une fois encore : juste cause, mauvais combats ?

### *Lesbianité sinon rien*

Derrière le mot « communautarisme » employé de façon péjorative et synonymique de « sectarisme » se déploie aussi, certes de façon radicale — et c'est sans doute là que

1. *Slate*, 23 octobre 2020, http://www.slate.fr/story/196310/acteurs-actrices-heteros-lgbt-coming-out-representation-queer.
2. *Ibid.*
3. *Ibid.*

le bât blesse —, le combat pour donner une existence légitime à des personnes, telles les lesbiennes, privées d'accès à la « parole médiatique ». C'est du moins le constat que dresse la militante « intégriste » (à mes yeux et à ceux de beaucoup d'esprits sages et pondérés) Alice Coffin. Elle vante le génie du militantisme lesbien, qui serait à l'origine de luttes cruciales : « Cela va des suffragettes au MLF[1] en passant par Act Up[2]. Je suis confondue par leur bonté et générosité, elles se mettent au service de causes qui ne les concernent même pas directement, comme l'avortement et le sida[3] ! » explique-t-elle, en rappelant également l'implication des lesbiennes dans le mouvement Black Lives Matter.

Rappelons que les « suffragettes », ainsi que les surnomme dédaigneusement le *Daily Mail* en 1906, sont les militantes de la Women's Social and Political Union (WSPU), fondée en 1903 par Emmeline Pankhurst (1858-1928) à Manchester. Luttant pour l'obtention du droit de vote pour les femmes en Grande-Bretagne, elles ont pour mot d'ordre : « Des actions, pas des mots ». Leurs méthodes sont radicales : bris de vitrines, attentats à la bombe (chez le Premier ministre David Lloyd George), etc. Emily Davison (1872-1913) est la

1. Mouvement de libération des femmes, créé en 1970 pour lutter contre toutes les formes d'oppression et de misogynie, militer pour le droit à la contraception et à l'avortement, mais aussi pour l'égalité de tous les droits, moraux, sexuels, juridiques, économiques, entre les hommes et les femmes.

2. Historique de l'association de lutte contre le sida, fondée en 1989 : https://www.actupparis.org/lassociation/historique/. En tant que « lesbienne radicale » entrée à Act Up dès 1992 (et membre jusqu'en 1997), Gwen Fauchois s'est vu consacrer un portrait par *Libération* en 1996 : https://www.liberation.fr/portrait/1996/06/25/gwen-fauchois-vice-presidente-d-act-up-et-lesbienne-militante-est-au-coeur-de-la-lutte-menee-par-les_172922/

3. *Les Inrockuptibles/Cheek Magazine*, 30 septembre 2020, https://www.lesinrocks.com/cheek/alice-coffin-le-genie-lesbien-militantisme-308310-30-09-2020/

première à se sacrifier à la cause : elle meurt « en martyre » en se précipitant sous les sabots du cheval courant pour le roi George V lors du Derby d'Epsom — d'aucuns pensent qu'elle voulait seulement accrocher un drapeau de la WSPU au cheval royal, et que la vitesse à laquelle ce dernier arrivait l'a surprise, mais cela ne change en fait pas grand-chose à « l'héroïsme » de son acte. Nombre de militantes sont emprisonnées et font la grève de la faim. Parmi ces suffragettes, lesbienne assumée et fumant le cigare, la compositrice Ethel Smyth (1858-1944), à qui l'on doit l'hymne du mouvement féministe *The March of the Women* (« La marche des femmes »). Elle sera arrêtée lors d'une manifestation et condamnée à deux mois de prison pour avoir cassé la fenêtre de la résidence du secrétaire d'État aux Colonies. « Purgeant sa peine à la prison de Holloway, nous renseigne le site de France Musique, elle reçoit notamment la visite du célèbre chef d'orchestre Thomas Beecham (1879-1961) qui laissa un témoignage amusé de cet épisode : "Quand je suis arrivé, le gardien de la prison était pris d'un fou rire. Il m'a dit 'Entrez dans le quadrilatère.' Il y avait... une douzaine de dames, marchant de long en large et chantant fort. Le gardien me montra une fenêtre où se trouvait Ethel. Elle était penchée, et dirigeait vigoureusement avec une brosse à dents, se joignant au chœur sur sa propre chanson."[1] »

« La "lesbianité", poursuit Alice Coffin, c'est plus qu'une

1. Https://www.francemusique.fr/actualite-musicale/ethel-smyth-compositrice-engagee-1738.

Les femmes britanniques obtiennent le droit de vote le 6 février 1918 — mais à la condition d'être âgées de plus de 30 ans, alors que les hommes peuvent voter dès l'âge de 21 ans. L'égalité de droits n'aura lieu que dix ans plus tard, en 1928. Rappelons qu'en France il faudra attendre le 21 avril 1944 pour que le droit de vote soit enfin octroyé aux femmes par le général de Gaulle.

orientation sexuelle, c'est apprendre à se passer du regard des hommes, d'un point de vue sentimental mais aussi dans la vie quotidienne. Cela permet de se libérer davantage des carcans dans lesquels sont formatés nos imaginaires. Cela a des conséquences quand on fait œuvre artistique[1]. » C'est ainsi que débute immédiatement une vive polémique sur les réseaux sociaux et dans les médias à propos de l'idée d'« éliminer les hommes ». L'auteure de cette formule tente de se défendre en invoquant le contexte et une supposée réflexion autour des critères d'appréciation nous régissant dès le plus jeune âge « pour déterminer ce qu'est un bon astronaute ou un bon film, un bon roman, un bon chef d'entreprise, un bon Premier ministre, un bon athlète », établis « à partir de représentations masculines, blanches, occidentales, hétérosexuelles[2] ».

C'est en ce sens que, pour identifier ce que pourrait être, selon elle, la véritable pensée féminine hors du schéma masculin imposé, elle écrit ce paragraphe plus que polémique — « un paragraphe souvent réduit à sa première phrase pour faire les gros titres », note *Le Figaro Madame*[3] : « À toutes, il nous faut des cottes de femmes [...] Il ne suffit pas de nous entraider, il faut, à notre tour, les éliminer. Les éliminer de nos esprits, de nos images, de nos représentations. Je ne lis plus les livres des hommes, je ne regarde plus leurs films, je n'écoute plus leurs musiques. J'essaie, du moins. [...] Les productions des hommes sont le prolongement d'un système de domination. Elles sont le système. L'art est une extension de l'imaginaire masculin. Ils

1. *Les Inrockuptibles/ Cheek Magazine*, 30 septembre 2020.
2. Alice Coffin, *Le Génie lesbien*, Grasset, 2020.
3. Du 31 octobre 2020.

ont déjà infesté mon esprit. Je me préserve en les évitant. Commençons ainsi. Plus tard, ils pourront revenir[1]. »

Même avec cette mention : « Plus tard, ils pourront revenir », fallait-il pour autant traduire cette piste de réflexion de manière aussi radicale ? N'était-il pas couru d'avance que la quasi-totalité des détracteurs d'Alice Coffin n'auraient, lisant cet extrait, aucune envie de se plonger dans son ouvrage (consternant par ailleurs) et se contenteraient de répliquer vertement à ce qu'ils considéraient comme une attaque frontale ?

*Le Figaro Madame* cite un échantillon des insultes que l'auteure du *Génie lesbien*, qui n'en a jamais été avare elle-même et qui est mise en examen pour diffamation, a reçues, et qui illustrent bien le fonctionnement binaire (pour/contre — sans concession) actuellement à l'œuvre dans l'arène médiatique et qu'elle est la première à utiliser : « Elle n'a pas supporté le fait de se faire baiser », « Va t'acheter une betterave, pauvre conne », « Bon c'est quoi son histoire ? Viol, mépris du père ? », « Avec une telle gueule, difficile de trouver un mec : on comprend mieux », « Elle est lesbienne. Plus simple pour elle d'haïr les hommes à longueur de journée[2] », etc.

Presque toutes les voix importantes se sont élevées contre la « misandrie » d'Alice Coffin, dont celle qui était

1. *Le Génie lesbien, op. cit.*

2. « Ma compagne était terrifiée avant la sortie du livre et elle est terrorisée par ce qui se passe en ce moment. Elle s'attendait exactement à ça. Moi, non. Si on m'avait dit que ça se passerait comme ça, je ne dis pas que je ne l'aurais pas fait, mais la violence à ce point-là, je ne m'y attendais pas », dit Alice Coffin, dont les propos sont rapportés par *Le Figaro Madame* du 31 octobre 2020, https://madame.lefigaro.fr/societe/misandrie-genie-lesbien-polemique-alice-coffin-mais-pourquoi-tant-de-haine-301020-183151.

alors la très douée ministre déléguée auprès du ministre de l'Intérieur, Marlène Schiappa, l'accusant de développer « une forme d'apartheid ». Ce qu'observe la féministe s'appuierait sur des faits vérifiés et validés par l'historienne Mathilde Larrère. Somme toute, sa démarche de s'abstenir de lire, pour un temps, les œuvres écrites par les hommes se justifierait par un simple examen des programmes scolaires, où « la violence symbolique à l'encontre des femmes est criante », précise encore Mathilde Larrère. « Si on regarde la scolarité de n'importe quel enfant aujourd'hui, au bout du compte il n'aura étudié que l'action des grands hommes en histoire ; en littérature, il n'aura lu que des livres d'hommes, n'aura vu que des œuvres d'hommes en art, n'aura connu que les exploits scientifiques des hommes[1]. » Et *Le Figaro Madame* de préciser : « Après vérification, au dernier programme du bac 2020, il n'y avait qu'une seule femme sur la liste des auteurs étudiés[2]. »

Cette situation, ces réactions, l'issue pour le moins déplorable d'un débat qui méritait pourtant d'être ouvert nous obligent à nous interroger. Les moyens mis en œuvre pour la défense de cette cause sont-ils pertinents ? L'activisme est-il, au XXIe siècle, le bon moyen pour défendre une cause légitime, et ne tend-il pas au contraire à braquer celles et ceux que ladite cause aurait pu motiver ?

Le tribunal ultraexpéditif mis en place par les réseaux sociaux — notamment par Alice Coffin, l'éclabousseuse éclaboussée — pourrait inspirer quelque prudence et appeler à la mesure — il est aussi à craindre que l'audace des

1. *Ibid.*
2. *Ibid.*

esprits libres, même (et surtout) excessifs, ne se résume plus qu'à un *buzz* et à un nombre de « j'aime ».

La cause risque de disparaître dans le brouhaha des querelles dont il ne subsiste généralement rien d'autre que de simples anecdotes.

### *La modernité sacrilège des Pompidou*

Mais revenons à la sphère intime des politiques, utilisée tantôt pour promouvoir une carrière, tantôt pour l'anéantir — jusqu'à devenir la pièce maîtresse d'un échiquier où la moindre erreur de trajectoire se transforme en séisme. Si la porosité entre vie privée et vie publique, d'abord encouragée par les politiques eux-mêmes, a pu et peut encore être regardée sous l'angle tactique, gare au moment où ce brouillage des lignes provoquera un irrémédiable court-circuit. « Ce qui est sûr, écrit la journaliste Soumaya Benaïssa, c'est qu'au profit d'un surinvestissement des choses privées, nous flirtons avec les limites d'une culture marquée par l'étiolement de la vie publique. [...] "Gouverner de l'intérieur" en mettant en scène sa vie privée dans un contexte de transparence valorisée peut se révéler momentanément utile aux politiques eux-mêmes, mais les conséquences, elles, peuvent se révéler dévastatrices[1]. »

« Chaque semaine des sondages fleurissent qui nous renseignent sur la popularité de tel ou tel politique. Pour combattre leur impopularité, fléau suprême, nombreux sont les élus qui déploient leur image, s'en servent, et y voient

1. Https://www.huffingtonpost.fr/soumaya-benaissa/peoplisation-de-la-vie-politique_b_4772001.html.

un moyen de reconquérir la confiance des citoyens. Certains, de Nicolas Sarkozy à Manuel Valls, envisagent même la saturation médiatique comme une stratégie efficace. Jeu dangereux entre les politiques et les médias ? Il reste que cette stratégie de visibilité accrue, à l'usure participe du brouillage de pistes et peut avoir quelques effets pervers[1] », poursuit la journaliste dans le *HuffPost* du 12 février 2014.

Déjà en 1968, le couple Pompidou l'a appris et compris à ses dépens lors de la célèbre affaire Marković. Posons d'abord le contexte. Les Pompidou, grands amateurs de plaisirs terrestres, goûtent volontiers à la vie mondaine. Ils aiment les soirées de vernissage — on les voit par exemple en photo avec Annabel et Bernard Buffet —, les fêtes à Saint-Tropez et les voitures de sport. Ils rencontrent Peggy Guggenheim, ont pour amis Pierre Soulages, Niki de Saint Phalle, Guy Béart, Françoise Sagan… Ils incarnent la modernité libérée et usent l'un comme l'autre de leur pouvoir de séduction : « Il était tigre, et elle était tigresse[2] », commentera l'académicien Maurice Druon, qui fut ministre des Affaires culturelles sous la présidence de Georges Pompidou. Un mode de vie qui leur vaut ce commentaire peu amène du général de Gaulle : « À trop vouloir dîner en ville dans le Tout-Paris comme aiment à le faire les Pompidou, à y fréquenter trop de monde et de demi-monde, il ne faut pas s'étonner d'y rencontrer tout et n'importe qui[3]. »

C'est dans ce « tout et n'importe qui » que germe puis éclate une campagne de dénigrement d'une rare violence. Dans le sillage de l'assassinat, le 22 septembre 1968, de

1. *Ibid.*
2. *Le Parisien*, 16 juillet 2014, https://www.leparisien.fr/week-end/georges-pompidou-la-volupte-au-pouvoir-16-07-2014-4005191.php.
3. *Ibid.*

Stevan Marković, lequel présente la particularité d'avoir été le garde du corps d'Alain Delon, surgit, par le biais du témoignage d'un de ses comparses, Borivoj Ackov, le récit de soirées « très spéciales » auxquelles aurait participé l'épouse du Premier ministre. L'élimination de Marković, qui paraît-il s'apprêtait à publier un livre sur la vie privée de célébrités de l'époque comme, outre Delon, Nicoletta, Marie Laforêt, ou encore Mireille Darc, aurait été imaginée par François Marcantoni, truand corse qui se dit proche de politiques influents. Des photomontages pornographiques, mettant en scène Claude Pompidou, circulent. La rumeur enfle. Le scandale prend de l'ampleur pendant qu'étonnamment le seul à en ignorer l'existence est... son mari. Enfin mis au courant, il tombe des nues, constatant très vite qu'autour de lui, que ce soit dans les ministères ou au plus haut sommet de l'État, ses interlocuteurs semblent accorder foi à cette calomnie — quand ils ne se chargent pas eux-mêmes de participer à son expansion[1].

Pour finir, le dénommé Borivoj Ackov reviendra sur ses déclarations, mais cette affaire empoisonnera durablement les relations entre Georges Pompidou et le général de Gaulle. Pompidou est « estomaqué de la désinvolture du pouvoir en place, voire de sa malignité », et choqué que le général, « qui connaissait [s]a femme depuis si longtemps », n'ait pas « tout balayé d'un revers de main[2] ». Mais le chef de l'État avait sans doute accordé quelque crédit à cette

1. À noter que Pompidou recevra le soutien de Michel Jobert, d'Édouard Balladur, de Marie-France Garaud — et surtout de celui « qui fut le plus fidèle, le plus ardent, qui [l']aida vraiment » : Jacques Chirac (*Sexus politicus, op. cit.*).

2. *Ibid.*

rumeur, comme tendent à le prouver les propos qu'il tint à l'un de ses plus proches conseillers, Jacques Foccart : « Elle [Claude Pompidou] s'est entichée d'artistes qu'elle veut voir alors qu'elle ne connaît rien à la vie de Paris [...]. Alors, il est facile de se laisser entraîner dans des réceptions organisées par les artistes lorsque l'on veut se donner un genre. Et puis là, voyez-vous, il se passe des choses pas convenables, et puis il y a des gens qui font des photographies[1]... »

*Une histoire faite pour tuer[2] Baudis*

Est-ce à dire que le bon vieux dicton « pour vivre heureux, vivons cachés » devrait se transformer en règle d'or pour tous les politiques ? Certains, comme nous le verrons un peu plus loin, ont opté pour des doubles voire des triples vies soigneusement dissimulées, parfois au moyen de méthodes bien peu orthodoxes — mais cela a-t-il transformé pour autant le fondement du débat et empêché le poison des rumeurs de se répandre ?

Certes, les réseaux sociaux démultiplient à présent la vitesse de circulation de l'information et de ses wagons de haine ainsi que — nous l'avons vu — la dangerosité et la puissance qu'incarnent les *fake news*. Mais l'idée d'abattre un adversaire politique par le biais d'un scandale sexuel inventé de toutes pièces n'est pas nouvelle. Les moins jeunes parmi nous se souviennent comme d'un événement

1. *Ibid.*

2. « Une histoire faite pour tuer » : c'est ainsi que qualifie Ysabel Baudis ce qui a été infligé à son époux et à l'ensemble de sa famille (*GQ Magazine*, 2 février 2016, https://www.gqmagazine.fr/pop-culture/livres/articles/baudis/31524).

marquant de l'intervention de l'ancien député-maire de Toulouse et président de ce qui était alors le Conseil supérieur de l'audiovisuel[1], Dominique Baudis[2], au journal de 20 heures de TF1, où il avait lui-même officié par le passé.

Nous sommes le 18 mai 2003. Devant dix millions de téléspectateurs, il annonce qu'il est cité dans une enquête judiciaire visant des « soirées masochistes ». Il est question de « viols de mineurs, traitements barbares infligés à des prostituées, meurtre d'un travesti ». Face à la déflagration que provoquera l'apparition de son nom au cœur de ce scandale, Baudis choisit de révéler lui-même sa mise en cause dans cette affaire qui est en lien avec celle du tueur en série Patrice Alègre.

Ce dernier a été condamné en 2002 à la réclusion criminelle à perpétuité, assortie d'une période de sûreté de vingt-deux ans, pour le meurtre de cinq femmes et six viols. Mais d'autres assassinats demeurent non élucidés, et la police poursuit ses investigations en ce sens, notamment dans le milieu de la prostitution. C'est à cette occasion que deux anciennes prostituées de Toulouse confirment l'implication d'Alègre dans ces meurtres, lequel aurait bénéficié de la complicité active de notables toulousains ainsi que d'une personnalité politique, Dominique Baudis. L'une des accusatrices, Patricia, maintiendra longtemps qu'elle a été violée par l'ancien maire de Toulouse le soir de ses 20 ans, le 20 novembre 1990. Jusqu'à ce que tout s'effondre, et

1. Devenu Arcom en janvier 2022.

2. Dominique Baudis, décédé en 2014 à l'âge de 66 ans, avait commencé sa route professionnelle en tant que journaliste. Il fut notamment correspondant de l'ORTF puis de TF1 au Proche-Orient. Ensuite il présentera le journal de TF1 (1978-1980) puis celui de FR3 jusqu'en 1982, moment où il mettra fin à sa carrière de journaliste pour se consacrer à la politique.

que les deux accusatrices, prises en flagrant délit de mensonge, soient condamnées à deux et trois ans de prison pour dénonciation calomnieuse.

Dans ce désastre conçu pour anéantir un homme politique, est notamment dénoncée la position ambiguë et sujette à caution affichée par *La Dépêche du Midi*, « journal notoirement opposé à Dominique Baudis[1] ». Christophe Deloire et Christophe Dubois n'hésitent pas à affirmer que le quotidien local « a joué un rôle déterminant dans la surenchère », et donc dans la calomnie, car son patron « n'est autre que l'ancien secrétaire d'État Jean-Michel Baylet, président des radicaux de gauche, l'un des vieux ennemis de Baudis[2] ».

Le quotidien *Le Monde*, alors sous la direction d'Edwy Plenel, n'a pas été « en reste dans les accusations calomnieuses », au point que Marion Van Renterghem, grand reporter au quotidien à cette époque-là, reconnaîtra que son journal « s'est fourvoyé » et exprimera sur Twitter son « envie de demander pardon[3] ». Cela n'a pas empêché ce journal de partir en croisade contre Pierre Joxe de façon plus qu'indécente, allant, la veille de son procès en diffamation, jusqu'à consacrer une page à une ahurissante rumeur sur les abus sexuels qu'aurait subis sa femme de ménage depuis son veuvage. Ces méthodes, qu'Edwy Plenel utilise de plus belle à *Mediapart*, ont contaminé *Libération*, un quotidien passé de la gauche au crapotage et à la vindicte[4].

1. *Le Monde*, 30 mars 2005, https://www.lemonde.fr/societe/article/2005/03/30/l-affaire-de-toutes-les-derives-judiciaires-et-mediatiques_633170_3224.html.

2. *Sexus politicus*, *op. cit.*

3. *Ouest-France*, 11 avril 2014, https://www.ouest-france.fr/politique/dominique-baudis-un-homme-aux-nombreuses-vie-blesse-par-la-calomnie-2138606.

4. Il suffit de lire, par exemple, ce qu'en dit mon client Jean-Pierre Thibaudat, qui en a été un journaliste d'importance : « Le *Libération* de 2021 n'avait

Lors de son intervention sur TF1, Dominique Baudis dénonce des « accusations hallucinantes » qui constituent « une effarante machination montée de toutes pièces » contre lui. « Il sera facile d'établir que ces actes abominables ne me concernent en rien. J'étais à l'époque député-maire de Toulouse et on peut vérifier mon emploi du temps heure par heure et sept jours sur sept. Et quand cessaient mes activités publiques, je rentrais aussitôt chez moi retrouver ma femme et mes enfants. »

Tout cela n'était que la stricte vérité, en effet « facile à établir ». Mais sur le plateau de télévision, Baudis transpire : il n'en faut pas davantage pour que certains y voient une preuve de culpabilité. Même l'avocat d'Alègre, Pierre Alfort, se dit que « s'il se justifie à la télévision, c'est peut-être qu'il a quelque chose à se reprocher[1] ».

Lors de sa disparition, en 2014, les médias ont décrit Dominique Baudis comme un « introverti, posé, solitaire, prudent dans sa carrière et discret dans sa vie, alors que tout son parcours professionnel ne fut qu'une longue exposition au public[2] ».

Contradiction ou équation impossible à résoudre entre vie privée, morale publique et politique ?

---

de commun avec celui dans lequel j'avais passionnément travaillé, que le titre. Je ne le lis plus qu'épisodiquement » (https://blogs.mediapart.fr/jean-pierre-thibaudat/blog/030822/celine-le-tresor-retrouve-une-deflagration-mondiale-39).

1. France TV, 27 octobre 2021, https://www.francetelevisions.fr/et-vous/notre-tele/a-ne-pas-manquer/lcds-laffaire-baudis-la-rumeur-meurtriere-8541.

2. *Ouest-France*, 11 avril 2014.

*Presse et politiques :*
*des liaisons parfois dangereuses*

Il semble que jusqu'à l'époque #MeToo, et surtout avant l'existence des téléphones portables permettant de tout photographier à chaque instant, une sorte de lien spécial se tissait implicitement entre les détenteurs du pouvoir politique et les journalistes. Les hommes politiques pouvaient donc vivre « plusieurs vies sans être inquiétés », en étant « certains que, pour l'essentiel, leurs secrets seraient bien gardés par la presse ». Occultées, les maîtresses ou les favorites : « Cela n'existait pas, c'est aussi simple que cela », et il était ainsi possible de « vivre sa vie en conservant des fictions, servies chaque jour au bon peuple avec un joyeux cynisme[1] ».

Ainsi le très digne Valéry Giscard d'Estaing (surnommé, entre autres, « Valéry Folamour ») connut-il un certain nombre de liaisons dont il ne filtra presque rien, notamment avec Sylvia Kristel, dit-on. Bien sûr il y eut ce malencontreux accident de voiture, où la présence d'une jeune femme à ses côtés fut ainsi commentée : « Giscard sort tard le soir avec une belle pépée[2]. » Réaction somme toute bon enfant : « Le populaire avait retenu qu'il se faisait une belle actrice et c'était pas mal. » Il fut aussi question d'une impératrice — selon les dires de l'ex-empereur de Centrafrique Jean-Bedel Bokassa I^er^, lequel « attribuait ses malheurs politiques et dynastiques à la liaison entretenue par son épouse

1. *Sexus politicus, op. cit.*
2. Denis Lacorne, « La politique du soupçon d'immoralité : comparaisons franco-américaines », art. cité.

avec le président français[1] ». Le chef de l'État a des maîtresses, l'opinion publique s'y habitue donc, avec ce que cela suppose comme ambiance qui « fleura bon l'Ancien Régime avec ses mœurs dissolues[2] ».

Quant à Jacques Chirac — que j'ai déjà évoqué à propos de son histoire d'amour avec la journaliste du *Figaro* Jacqueline Chabridon au moment où il était Premier ministre sous Giscard —, l'accession à la présidence de la République ne modifia en rien sa réputation de coureur de jupons. « On sait qu'il est volontiers égrillard et qu'il n'hésite pas à porter des toasts qui auraient fait ciller Tante Yvonne : "À nos femmes, à nos chevaux et à ceux qui les montent[3] !" » Au moment où il occupe les plus hautes fonctions de l'État, lui sont supposées les conquêtes plus ou moins officielles de Claudia Cardinale et de sa ministre Michèle Barzach, sans parler des multiples coups de canif au contrat que sa femme légitime, Bernadette, considère comme une addiction — laquelle n'affectera en rien la popularité du président auprès du peuple français. Car les électeurs savent bien que, pour Jacques Chirac, « l'épouse apparaît comme celle qui est la véritable maîtresse de la maison », et il déclare d'ailleurs à son propos : « Elle est mon alliée la plus précieuse depuis toujours. Elle m'aide beaucoup et je lui en suis très reconnaissant[4]. »

Si les diverses frasques des présidents de la République

1. *Sexe, mensonges et politiques, op. cit.*

2. « Selon le chef de son service de presse Michel Bassi, le ministre de l'Intérieur, Michel Poniatowski, inquiet de ne pas toujours savoir où se trouvait, en galante compagnie, le détenteur du code nuclaire, lui aurait suggéré d'utiliser l'hôtel de Marigny comme une sorte de Parc aux Cerfs » (*ibid.*).

3. *Ibid.*

4. *Ibid.*

ne suscitent aucun émoi particulier auprès du grand public, c'est aussi, comme je l'ai mentionné plus haut, en raison des relations qu'entretiennent les gens de presse et ces hommes puissants qui à cette époque exercent encore une certaine fascination. « Avant, les journalistes entraient dans la vie privée des politiques. Ces gens-là vivaient en vase clos, copinaient à tous crins et allaient en vacances ensemble. Aujourd'hui les liens sont distendus[1] », commente une spécialiste — ce que confirme Raphaëlle Bacqué, du journal *Le Monde* : « Avec le discrédit de la classe politique, l'attrait des hommes de pouvoir a diminué[2]. »

Qui se souvient, par exemple, des liens étroits qu'entretenait Jacques Chirac avec une journaliste de l'AFP — notamment gratifiée de voyages à l'île Maurice, en Italie, en Tunisie… soit, rien que pour les billets d'avion, la modeste somme de 170 857 francs ? « Chirac joignait souvent l'utile à l'agréable, note l'un de ses anciens conseillers. À la mairie de Paris, on l'entendait dire que, comme ça, telle de ses amies ferait de bonnes dépêches, ou un article favorable[3]. » « Le 5 juillet 2001, *Libération* publie une photo prise en mai 1992 à l'île Maurice, très exactement sur la plage du Royal Palm, l'un des plus luxueux palaces de l'île. Sur l'image, on voit distinctement Chirac en maillot de bain. Celui qui est alors maire de Paris est allongé en galante compagnie à côté de trois femmes en bikini, assises sous un parasol […]. Le touriste VIP n'a pas l'air malheureux. Il est pourtant censé avoir effectué ce long voyage sous les palmiers pour y diriger une réunion

1. *Sexus politicus, op. cit.*
2. *Ibid.*
3. *Ibid.*

de travail de l'Association internationale des maires francophones (AIMF), qu'il préside. Un prétexte, en fait, pour offrir des vacances à ses amies grâce, notamment, aux fonds secrets. Le contribuable finance donc à son insu ces festivités. Parmi les charmantes accompagnatrices, deux journalistes : Élisabeth Friederich, de l'AFP, et Françoise Varenne, du *Figaro.* La première est chargée de suivre les affaires de la Ville de Paris, la seconde préside alors l'Association de la presse municipale, pas réputée très critique à l'égard de l'Hôtel de Ville[1]. »

Cette proximité entre politiques et journalistes est en ce temps-là courante, ce qui n'est pas sans poser quelques problèmes éthiques, comme la nomination de Patrick de Carolis à la tête de France Télévisions par le CSA, alors qu'il a des liens « privilégiés » avec Bernadette Chirac — il a même publié en 2002 un livre d'entretiens avec elle : *Conversation*[2].

Cela jase bien ici ou là, mais ces liens entremêlés ne suscitent pas de levée de boucliers particulière. C'est dans les mœurs ! Alain Juppé, par exemple, aura une liaison avec une journaliste de *La Croix,* Isabelle, qu'il épousera. Béatrice Schönberg, aux manettes du journal de 20 heures de France 2, prendra pour mari, à l'été 2005, Jean-Louis Borloo : « Elle est en situation délicate puisque toujours en fonction. Comment traiter l'augmentation des chiffres du chômage le soir où elle présente l'information ? L'affaire du CPE ? La rumeur de la nomination prochaine de son époux à Matignon[3] ? » Sans oublier les célèbres couples Christine Ockrent-Bernard Kouchner et Anne Sinclair-

1. *Ibid.*
2. Plon.
3. *Sexus politicus, op. cit.*

Dominique Strauss-Kahn — « France, pays merveilleux, où les journalistes sont si indépendants d'esprit que leurs liens conjugaux ne les influencent jamais », ironisent à juste titre Christophe Deloire et Christophe Dubois, même si Anne Sinclair finira par renoncer à son émission politique *7 sur 7*, « pour des raisons déontologiques ».

### *Un Casanova*[1] *nommé Mitterrand*

Concernant la frontière, réelle ou fumeuse, entre vie privée et vie politique publique, l'exemple le plus frappant qui vient à l'esprit, et sûrement le plus emblématique d'une époque révolue, est celui de François Mitterrand.

Très tôt, bien avant son accession à la présidence de la République, il est parvenu à fabriquer l'image d'un couple exemplaire formé avec Danielle — alors que dès les années 1960 ils avaient opté, d'un commun accord, pour une liberté totale dans le registre de leurs relations amoureuses. Mitterrand ira jusqu'à accueillir sous son toit l'amant de Danielle, un certain professeur de tennis, lequel dut, à la grande déception de cette dernière, vider les lieux en 1981, car qu'aurait pensé la France profonde de pareille situation ?

Pendant des années, le plus grand secret entoura la double vie que menait le premier président de la République socialiste sous la V^e^ avec Anne Pingeot, union dont naquit une fille, Mazarine, en 1974, qui « vit se pencher sur son berceau non pas de bonnes fées mais Roger-Patrice Pelat et François de Grossouvre, respectivement financier

1. Comparaison empruntée à Françoise Giroud.

et régisseur de la seconde vie du dirigeant de la gauche unie[1] ».

Mitterrand, l'homme aux « mille conquêtes », est un grand séducteur devant l'Éternel : « On ne peut pas les avoir toutes, mais il faut essayer », confiait-il à Roland Dumas, dont il était proche. La journaliste Michèle Cotta se souvient qu'il « ne concevait pas une réunion politique sans partir avec une fille[2] », et qu'elle le conduisait parfois au pied du Sacré-Cœur : il se rendait alors au domicile de la chanteuse Dalida — ce qui donnera l'occasion à ses détracteurs de le surnommer « Mimi l'Amoroso[3] ».

Mais pour ce qui avait trait à sa double vie, et surtout à l'existence de Mazarine[4], Mitterrand maintint le secret absolu jusqu'en 1994, moment où le magazine *Paris Match* publie une photo d'eux sortant ensemble d'un restaurant parisien. Cette révélation, l'écrivain pamphlétaire Jean-Edern Hallier menace de la faire depuis plus de dix ans : déçu, après l'élection du président en 1981, de ne s'être vu attribuer aucun ministère ou le moindre poste, il espère ainsi se venger et le fait savoir à qui veut bien l'entendre. De cette menace découle l'affaire des écoutes téléphoniques et du fameux « cabinet noir » officiant dans les locaux mêmes de la présidence de la République à partir de 1982, dont Mitterrand persista néanmoins à nier l'existence[5]. Tout cela a pourtant

1. *Sexe, mensonges et politiques*, *op. cit.*

2. *Le Parisien*, 30 juillet 2014, https://www.leparisien.fr/week-end/francois-mitterrand-mille-conquetes-et-trois-amours-30-07-2014-4036993.php.

3. *Elle*, 1er octobre 2021, https://www.elle.fr/Societe/L-actu-en-images/Francois-Mitterrand-et-les-femmes-entre-seduction-et-politique.

4. Dont j'ai été l'un des conseils.

5. « "Il n'y a pas de service d'écoutes à l'Élysée. Il ne peut pas y en avoir. Je ne sais pas comment on en fait, d'ailleurs, des écoutes." C'est en ces termes que François Mitterrand s'offusque, le 2 avril 1993, de la question

bel et bien été en grande partie mis en place pour préserver sa vie privée — dissimuler l'existence de sa fille, mais aussi le cancer dont il se savait atteint. C'est son autre « secret d'État ». En janvier 1996, une semaine seulement après sa mort, paraît *Le Grand Secret* (Éditions Plon), publié par celui qui fut son médecin entre 1969 et 1994, le docteur Gubler. Rompant avec le secret médical auquel il est tenu, il y dévoile que le cancer de la prostate a été diagnostiqué dès le mois de décembre 1981 et que « cette information a été, d'emblée, considérée par l'ancien président comme un secret d'État, en dépit de l'engagement qu'il avait pris, lors de la campagne présidentielle de 1981, de publier tous les six mois un bulletin de santé de nature à établir toute la transparence souhaitable en la matière ». Il y indique également que, six mois avant le terme de son second mandat, François Mitterrand « n'était plus capable d'assumer ses fonctions[1] ». Le livre sera aussitôt interdit de diffusion, et le docteur Gubler condamné à quatre mois de prison avec sursis pour violation du secret professionnel. L'éditeur sera quant à lui condamné à 60 000 francs d'amende. Mais huit ans plus tard, en 2004, la Cour européenne de justice donnera raison au docteur Gubler et condamnera la France pour avoir interdit son livre, estimant, au nom de la liberté d'expression, que cette interdiction n'aurait dû être que provisoire.

---

d'un journaliste de la Radio télévision belge francophone (RTBF) — le seul à oser l'interroger sur "cette fameuse histoire des écoutes téléphoniques qui auraient été commandées par l'Élysée…". Avant de mettre sèchement fin à l'entretien, non sans manifester son mépris face à "un tel degré de vilenie" », retrace France Info le 13 décembre 2021 (https://www.francetvinfo.fr/societe/affaire/video-affaires-sensibles-les-ecoutes-de-la-republique-que-savait-le-president-mitterrand_4874867.html).

1. *Les Échos*, 17 janvier 1996, https://www.lesechos.fr/1996/01/mitterrand-le-secret-medical-et-le-secret-detat-1044135.

Et c'est ainsi que les conversations de nombre de responsables politiques, personnalités en vue, artistes, journalistes, écrivains (au premier rang d'entre eux : Jean-Edern Hallier) ont été écoutées et enregistrées hors de tout cadre légal. L'actrice Carole Bouquet, qui recevait souvent la visite de Jean-Edern Hallier, fit partie des personnes espionnées. En 2005 elle obtint 1 euro symbolique au titre des dommages et intérêts et 5 000 euros pour couvrir ses frais d'avocats.

Cette affaire d'écoutes, toute médiatique qu'elle sera, n'aura néanmoins aucun impact caractérisé sur le second mandat de François Mitterrand : il mourra début 1996 sans même avoir été interrogé par la justice. Françoise Giroud lui rendra cet hommage : « Il avait, comme Casanova, la langue d'or, ce don de plaire par la parole, d'envoûter par le discours, d'éblouir par le verbe [...]. Avec les femmes, il fallait le voir dans une assemblée où, soudain, l'une d'elles attirait son attention. Pas forcément jolie, rarement éclatante, plutôt terne, même, à d'autres yeux que les siens. Mais c'était celle-là qu'il voulait. Alors, du regard, il la distinguait, la clouait, et elle fondait. On ne saurait dire combien de passions il a inspirées à des jeunes femmes qui ne s'en sont pas toujours remises, et qui lui ont gardé la fidélité du cœur. L'eût-il voulu, il eût été capable de séduire une pierre, geste économe, œil brillant de malice, voix feutrée, propos enveloppant comme un châle. Et il le voulait souvent. Nul doute que les femmes furent, avec la politique, la grande affaire de sa vie[1]. »

C'est si vrai que son ultime histoire ne sera connue qu'en

1. *L'Express*, 11 janvier 1996, https://www.lexpress.fr/actualite/politique/mitterrand-le-seducteur_611787.html.

2021 : dans son ouvrage *Le Dernier Secret*[1] la journaliste du *Monde* Solenn de Royer révèle que l'ancien président socialiste a vécu une histoire d'amour avec une jeune étudiante de cinquante ans sa cadette pendant les huit dernières années de sa vie. Reste à savoir comment serait perçue, en 2022, et après les scandales qui ont éclaté dans le sillage du mouvement #MeToo, pareille relation révélée du vivant d'un homme politique. « Il [François Mitterrand] l'appelle tous les jours, au moins deux fois, rapporte Solenn de Royer. [...] Il sait ce qu'elle fait, quand et avec qui. Il connaît tout de sa vie, n'aime pas qu'elle sorte, il aimerait la garder pour lui seul [...]. Partout où elle va, il la suit, la traque[2]. »

Une telle description ne correspondrait-elle pas à ce qui est de nos jours nommé une « relation toxique », en lisière de la perversion narcissique ? C'était « avant Internet, les réseaux sociaux, les téléphones portables, admet Solenn de Royer. Une époque où le président pouvait flâner avec une jeune fille à son bras sur les quais de Seine, entrer dans une librairie, dîner au restaurant sans se faire démasquer et aussitôt être photographié[3] ».

Quelques voix discordantes trouvent que ce président de la République-là a décidément été très occupé par ses nombreuses conquêtes féminines. Son chauffeur, Pierre Tourlier[4], ne raconte-t-il pas que Mitterrand enchaînait

1. Grasset, 2021,

2. *La Dépêche*, 1er octobre 2021, https://www.ladepeche.fr/2021/09/30/francois-mitterrand-et-letudiante-en-droit-ce-que-lon-sait-de-la-derniere-romance-du-president-9822600.php.

3. France Inter, 4 octobre 2021, https://www.radiofrance.fr/franceinter/podcasts/l-invite-de-7h/l-invite-de-7h-du-lundi-04-octobre-2021-9238609.

4. Pierre Tourlier, *Conduite à gauche*, Denoël, 2000. Extrait cité par *L'Obs*,

les relations et que certaines de ses soirées se déroulaient comme un menu, avec « une entrée, un plat principal et un dessert » ?...

Au-delà de la formulation assimilant les femmes à une marchandise consommable, se pose la question du sérieux appliqué à la tâche présidentielle : « Est-il sacrilège de formuler cette interrogation : quand travaillait-il[1] ? » se demande le magistrat Philippe Bilger.

Nicolas Sarkozy a, comme nous l'avons vu, beaucoup mis en scène les péripéties de sa vie conjugale. Mais rien à voir avec François Mitterrand. Sarkozy est plutôt qualifié par Patrick Girard de « postmoderne » ou de « conformiste éclairé » — et dans tous les cas de « monogame frénétique, perpétuellement amoureux éperdu et fidèle d'une femme devenue la femme de sa vie, dont l'identité peut être sujette à des variations [...]. Il prononce des vœux de mariage comme d'autres font des vœux de célibat. C'est chez lui une quasi-vocation qui s'accompagne, depuis ses deuxièmes noces, d'un strict respect des liens conjugaux tant que ceux-ci existent et sont mutuellement respectés[2] ». Cela ne fait pas de lui un amoureux transi et doux agneau : « Pour avoir publié une photo de Cécilia au bras de Richard Attias, Alain Genestar perdra son poste de directeur de *Paris Match* cependant qu'une journaliste du *Figaro* verra ses rêves être réduits à néant. »

---

13 mars 2000, https://www.nouvelobs.com/culture/20000313.OBS2808/mitterrand-son-chauffeur-et-les-femmes.html.

1. Blog de Philippe Bilger : « Justice au singulier », 11 octobre 2021, https://www.philippebilger.com/blog/2021/10/faut-il-porter-aux-nues-au-nu-lancien-pr%C3%A9sident-s%C3%A9ducteur-fran%C3%A7ois-mitterrand-.html.

2. *Sexe, mensonges et politiques, op. cit.*

Bien sûr, Mitterrand n'était pas « un président agité et omniprésent à la Sarkozy ou à la Macron », mais malgré tout, au titre de la fonction de chef de l'État, certains arbitrages et choix spécifiques auraient dû relever de lui seul. Alors « on ne trouvera pas en moi un observateur ébahi des prouesses amoureuses et volatiles de François Mitterrand, conclut Philippe Bilger. Non pas au nom d'une quelconque rigidité ou intolérance — personne n'est parfait ni n'a de leçons à donner — mais parce qu'un président de la République n'aurait pas dû faire cela, ne devrait pas se comporter ainsi ».

*« DSK » en bombe sexopolitique*

Nous voici de nouveau devant cette frontière poreuse entre vie privée et vie publique des politiques — avec le sous-entendu de bonne moralité que la première induit si l'on veut être digne de la seconde. Un président de la République, s'il ne « doit » pas avoir tel ou tel comportement dans sa sphère intime, est donc censé incarner un modèle, peut-être à l'instar de ce que représente, pour nos amis d'outre-Manche, la reine d'Angleterre ?

« La France a toujours été dirigée par des monarques, notent très justement Christophe Deloire et Christophe Dubois. Quant aux vassaux, ils imitent les suzerains. Même si la Révolution a eu raison du roi, les mythes sont restés en République[1]. » Les journalistes font cette analyse au tout début des années 2000, leur ouvrage ayant été publié en 2006. Entre ce moment et celui du séisme mondial qu'incar-

1. *Sexus politicus*, *op. cit.*

nera le mouvement #MeToo en 2017, dont je reparlerai un peu plus loin, se produit en France l'onde de choc « DSK », qui vient dynamiter les enjeux de l'élection présidentielle de 2012 et faire vaciller les instances de la finance mondiale. En mai 2011, les Français découvrent médusés les images montrant Dominique Strauss-Kahn, ancien ministre et potentiel futur président de la République, directeur général du Fonds monétaire international (FMI), menottes aux poignets. Il a été arrêté à l'aéroport JFK de New York, car il est accusé d'agression sexuelle, tentative de viol et séquestration sur la personne de Nafissatou Diallo, femme de chambre à l'hôtel Sofitel de Manhattan où il a occupé une suite. Dominique Strauss-Kahn, qui doit faire face à sept chefs d'accusation passibles de quinze à soixante-quatorze ans de prison, nie les faits mais démissionne de son poste du FMI. Son épouse, la journaliste Anne Sinclair, ne croit pas « une seule seconde aux accusations » ; des responsables politiques parlent de « piège » et de « complot ». « D'après l'équipe du procureur Cyrus Vance Jr., Nafissatou Diallo a menti à plusieurs reprises », relate France 24 le 4 juillet 2011. « Alors qu'elle avait déclaré sous serment être restée prostrée dans un couloir du 28e étage du Sofitel en quittant la chambre de DSK, elle a omis de préciser qu'elle en avait nettoyé une autre puis qu'elle était retournée dans celle de l'ancien directeur du FMI[1]. » Elle a également menti aux autorités américaines sur son histoire personnelle au moment de sa demande d'asile aux États-Unis, déclarant « avoir été victime de viol par des gangs de Lansana Conté, l'ex-président guinéen, avant de revenir sur ses déclarations lors d'auditions ultérieures ».

1. Https://www.france24.com/fr/20110704-dominique-strauss-kahn-dsk-nafissatou-diallo-attention-affaire-viol-sexe-justice-new-york.

Par ailleurs, « la jeune femme qui apparaissait comme une victime au-dessus de tout soupçon » serait en réalité en relation avec « un dealer de marijuana incarcéré dans l'Arizona, posséderait 100 000 dollars sur ses comptes en banque, jonglerait avec cinq lignes de téléphones portables et mentirait au fisc pour continuer de recevoir ses allocations ». Après de multiples rebondissements, s'agissant en particulier des « mensonges » de Nafissatou Diallo sur son emploi du temps le fameux jour de l'agression ainsi que sur son « histoire personnelle », un accord financier confidentiel interviendra en décembre 2012, mettant un terme aux ennuis américains de Dominique Strauss-Kahn.

En France, il lui faudra attendre 2018 pour que la Cour de cassation annule sa condamnation civile dans l'affaire dite du Carlton de Lille[1]. Au pénal, il avait comparu pour « proxénétisme aggravé », risquant alors dix ans de prison et 1,5 million d'euros d'amende. De cela il avait été relaxé en 2015, conformément à ce qu'avait demandé le procureur Frédéric Fèvre, rappelant au passage — point crucial pour le présent ouvrage — qu'il travaillait « avec le code pénal et non le code moral[2] ». En effet, l'enquête des juges, qui a suscité « l'agacement » du président de l'audience du tribunal correctionnel[3], l'estimant « bâclée » — y relevant notamment des « imprécisions », une absence de « vérification des faits »,

1. Le 26 mars 2012, Dominique Strauss-Kahn est mis en examen pour des faits de viol en réunion et de proxénétisme. Il est soupçonné d'être « le pivot central » de rencontres avec des prostituées entre 2008 et 2011 à Lille, Paris, Bruxelles et Washington.

2. *L'Express,* 12 juin 2015, https://www.lexpress.fr/actualite/societe/justice/proces-du-carlton-l-heure-du-jugement-dernier-a-sonne-pour-dsk_1688295.html.

3. *Les Échos,* 12 juin 2015, https://www.lesechos.fr/2015/06/affaire-du-carlton-dsk-relaxe-266121.

de confrontation et de « vérifications de déclarations mensongères » —, avait décrit Dominique Strauss-Kahn comme un « jouisseur sans foi ni loi, un boucher passant d'une fille à l'autre ». Mais au civil, Dominique Strauss-Kahn avait été condamné en 2016 à verser 20 000 euros de dommages et intérêts à l'association de lutte contre la prostitution le Mouvement du Nid, ce jugement induisant qu'une « faute » avait été commise et que Dominique Strauss-Kahn était sanctionné comme « client de prostituées ». Ce n'est donc qu'en 2018 que Dominique Strauss-Kahn verra cette condamnation civile annulée et le Mouvement du Nid débouté de la plupart de ses demandes de réparation. La Cour de cassation a entre autres rappelé que « le dommage dont une partie civile peut obtenir réparation doit résulter d'une faute démontrée et limitée à l'objet de la poursuite » et que la loi permettant des poursuites contre les clients de prostituées n'est entrée en vigueur qu'en avril 2016, soit bien postérieurement aux faits reprochés à DSK[1].

Somme toute, que ce soit pour l'affaire du Sofitel de New York ou celle du Carlton de Lille, Dominique Strauss-Kahn échappera à toute condamnation. Mais contrairement à ce que supposait le journaliste britannique Stephen Clarke[2], dans un article au vitriol où il traite les politiques français de « séducteurs en série » profitant d'une sorte d'impunité judiciaire, l'absolution par ses pairs ne lui a pas pour autant été accordée : sa carrière sera au contraire laminée, et au passage son mariage avec Anne Sinclair implosera.

1. France Info avec AFP, 2 mars 2018, https://france3-regions.francetvinfo.fr/hauts-de-france/affaire-carlton-cour-cassation-annule-condamnation-civile-dominique-strauss-kahn-1433287.html.

2. Https://www.courrierinternational.com/article/2011/05/19/l-indulgence-coupable-des-elites-francaises.

Voici l'extrait le plus éloquent de cet article du journaliste britannique Stephen Clarke, qui « dénonce la réaction de la classe dirigeante française à l'égard des frasques de Dominique Strauss-Kahn », restitué dans le *Courrier international* du 20 juin 2011.

« Les politiques français sont réputés être des séducteurs en série et, en règle générale, personne ne les ennuie avec ça. L'idée que, chez l'homme politique, l'efficacité dans le travail va de pair avec une tendance à coucher avec autant de monde que possible, est très répandue. Et peut-être que c'est vrai : les Français, avec leur régime alimentaire équilibré, ont beaucoup d'énergie. Le danger, toutefois, est que leur réputation de chauds lapins ne puisse leur donner un sentiment d'impunité. Entre penser que, parce que vous êtes célèbre et puissant, tout le monde va succomber à vos charmes, et croire que ceux qui vous résistent sont déraisonnables, il ne doit y avoir qu'un pas très facile à franchir. Selon cette logique, forcer une personne non consentante à avoir un rapport sexuel ne fait que la soumettre à l'inévitable. Tout cela est très Louis XIV. De l'impunité sexuelle à l'impunité judiciaire, il n'y a également qu'un pas. [...] Le parallèle le plus éloquent avec l'affaire Strauss-Kahn est le cas Polanski. Malgré ses talents de cinéaste, il avait fui les États-Unis en 1978 pour se réfugier en France et échapper à une condamnation pour détournement de mineure (il avait eu des relations sexuelles avec une adolescente de 13 ans). Lorsqu'il a été arrêté en Suisse en 2009, à la demande des autorités américaines, tout l'establishment culturel français était monté au créneau pour prendre sa défense. À la cérémonie des Césars de cette année (l'équivalent français des Oscars), Polanski a été récompensé pour *The Ghost*

*Writer.* Selon *Le Monde,* le quotidien français le plus respecté, ce film marquait “son retour dans la famille après ses ennuis judiciaires”. On aurait dit qu’il avait eu une contravention pour excès de vitesse. Au vu de tout cela, je suis convaincu que même si Dominique Strauss-Kahn est reconnu coupable et va en prison, il rentrera un jour en France, publiera son autobiographie (qui, bien entendu, sera portée à l’écran par Polanski) et finira par devenir ministre. Peut-être en charge de la condition féminine ? »

La prédiction certes ironique de Clarke aurait-elle pu se réaliser si Dominique Strauss-Kahn n’avait pas déjà été empêtré dans plusieurs affaires d’agressions sexuelles, bien avant celle du Sofitel de New York ? À l’époque elles ne font pourtant guère de bruit.

Il s’agit d’abord de la journaliste et romancière Tristane Banon (que je connais de longue date et que j’apprécie malgré nos différends tout aussi de longue date !) qui accuse Dominique Strauss-Kahn en 2007, sur le plateau de l’émission de Thierry Ardisson *93, faubourg Saint-Honoré,* d’une tentative de viol datant, selon elle, de 2003. Elle parle alors d’un « chimpanzé en rut » et affirme qu’à l’Assemblée « il n’y a plus une seule nana qui veut s’occuper de son bureau. C’est le seul qui a une secrétaire qui a près de 60 ans ». Quand l’affaire du Sofitel éclate en 2011, Tristane Banon dépose plainte pour tentative de viol[1],

1. Elle décrit un homme « dans un état second » qui lui « introduit des doigts dans sa bouche, dégrafe son soutien-gorge, agrippe ses seins et, après avoir glissé une main dans sa culotte, lui caresse le sexe ». Ils se battent, et la jeune femme réussit à s’échapper, relate *Le Figaro* le 19 juillet 2011 (https://www.lefigaro.fr/actualite-france/2011/07/19/01016-20110719ARTFIG00360-affaire-dsk-le-recit-de-tristan-banon-aux-enqueteurs.php). Dans un livre intitulé *Le Bal des hypocrites* paru la même année au Diable Vauvert, Tristane Banon raconte sa version des faits sans jamais citer le nom de DSK.

mais, aux yeux du parquet, les éventuels faits sont prescrits depuis longtemps.

Mais, pour aller tout de même un peu dans le sens de l'observation de Stephen Clarke, notons le mémorable flop que produisit la révélation de l'agression sur le plateau d'Ardisson en 2007. Ce qui aurait dû constituer un scoop passe inaperçu — frappé d'omerta ? Tristane Banon évoque « une réaction de corporation politique », une protection du parti : « Il n'y a pas de socialiste pour l'enfoncer, dénonce-t-elle. Ils se défendent, eux, en le défendant. Je leur en veux énormément pour ça, tout le parti a été complice de DSK. » Et de conclure : « Mon affaire révèle un dysfonctionnement au sein du parti. Tout le monde sait qu'il y a un problème DSK et tout le monde nettoie derrière lui les traces de déviance[1]. » De fait, sa mère a été encartée au PS, dont elle a même été l'élue. Mais celle-ci se défend de toute interférence.

Autre sujet de questionnement à propos de l'apparente impunité de Dominique Strauss-Kahn : l'absence de réelles suites à l'affaire Piroska Nagy, qui est en fait le premier écart de Dominique Strauss-Kahn porté sur la place publique et ayant suscité, dès 2008, une enquête du FMI sur le comportement de son directeur général. Cette enquête a d'abord conclu qu'il s'agissait d'une relation « consensuelle » bien qu'illégitime, puisque Piroska Nagy était mariée et que son époux, découvrant la liaison, n'avait pas caché sa colère à l'égard de Dominique Strauss-Kahn. Banale histoire de cocuage ? Dominique Strauss-Kahn est sur le point d'être discrètement blanchi quand l'affaire est soudain révélée

1. Europe 1, 8 décembre 2020, https://www.europe1.fr/societe/documentaire-sur-laffaire-dsk-sur-netflix-le-regard-de-tristane-banon-4010841.

au grand public par le *Wall Street Journal.* C'est alors que Piroska Nagy, offensée que sa relation avec Dominique Strauss-Kahn soit présentée comme « consensuelle » et qualifiée d'« aventure d'un soir » par Anne Sinclair sur son blog, publie en 2008 un communiqué où elle met les choses au point : « Je pense que M. Strauss-Kahn a abusé de sa position dans sa façon de parvenir jusqu'à moi. Je vous ai expliqué en détail comment il m'a convoquée plusieurs fois pour en venir à me faire des suggestions inappropriées. Malgré ma longue vie professionnelle, je n'étais pas préparée à des avances du Directeur Général du FMI. Je ne savais que faire ; ainsi que je vous l'ai dit, je me sentais "maudite si je le faisais et maudite si je ne le faisais pas". Après un temps je fis la grave erreur de me laisser entraîner dans une très brève aventure. Mais il est incontestable, à mon avis, que M. Strauss-Kahn ait usé de sa position pour avoir accès à moi. » Et de souligner par ailleurs que Dominique Strauss-Kahn a « un problème pouvant le rendre peu adapté à la direction d'une institution où des femmes travaillent sous ses ordres[1] ». Il reste donc étonnant que le scandale Dominique Strauss-Kahn n'ait finalement éclaté qu'en 2011. L'affaire Piroska Nagy aurait dû « servir d'avertisseur[2] », ainsi que l'a d'ailleurs reconnu Hélène Jouan, alors directrice adjointe de l'information à France Inter, au cours d'un débat sur France 2 autour de ce qu'il eût fallu révéler ou pas concernant les agissements de cet

1. *Libération,* 23 février 2009, https://www.liberation.fr/debats/2009/02/23/la-lettre-qui-accuse-dsk-d-avoir-un-probleme-avec-les-femmes_1814217/.

2. *Ouest-France,* 20 mai 2011, https://www.ouest-france.fr/monde/etats-unis/affaire-dsk-le-harcelement-devient-un-motif-de-licenciement-au-fmi-403757.

homme politique — du moins par les journalistes qui en étaient informés.

Mais au fait, après le séisme provoqué par « les » affaires Dominique Strauss-Kahn, comment les Français jugent-ils précisément l'homme politique ? Où placent-ils la frontière, si elle existe, entre vie privée et vie publique ? Selon une enquête exclusive réalisée pour le quotidien *Le Parisien* en janvier 2015, 79 % des Français pensent que Dominique Strauss-Kahn « aurait fait un meilleur Président que Hollande », même si parallèlement ils le jugent « misogyne et immoral ». Parmi toutes ces personnes qui estiment que Dominique Strauss-Kahn à l'Élysée aurait « fait mieux » que Hollande, 67 % sont des sympathisants de gauche et 86 % de droite. Est-ce pour autant un souhait de le voir revenir en politique ? Eh bien non ! 56 % des personnes interrogées ne le désirent pas, car s'il a laissé « un incontestable sentiment de compétence », son image personnelle reste « profondément abîmée ». À noter l'absence de clivage partisan selon le sexe : les femmes « ne sont que 5 % de plus que les hommes à avoir un jugement négatif[1] ».

Au-delà de l'étude de pourcentages qui de toute façon seront profondément bouleversés deux ans plus tard, en 2017, par la déflagration #MeToo, l'affaire du Sofitel de New York a, selon Patrick Girard, favorisé le « lynchage médiatique auquel, sous prétexte d'assainissement des mœurs, ont cru se livrer certaines belles âmes de l'Hexagone[2] ». Et de citer le philosophe et ancien ministre de l'Éducation nationale Luc Ferry, qui « a joué les dénoncia-

1. *Le Parisien*, 31 janvier 2015, https://www.leparisien.fr/politique/pour-79-des-francais-dsk-aurait-fait-un-meilleur-president-que-hollande-31-01-2015-4495605.php.

2. *Sexe, mensonges et politiques*, *op. cit.*

teurs en direct », révélant le 1er juin 2011, sur le plateau du *Grand Journal* de Canal+, qu'un de ses anciens collègues s'était « fait poisser à Marrakech dans une partouze avec des petits garçons ». C'est Jack Lang qu'il vise, objet de ce type de rumeurs depuis de nombreuses années[1], et cette « sortie » lui a probablement coûté sa nomination au poste de défenseur des droits que Nicolas Sarkozy avait envisagé de lui confier.

Il faut citer également les ennuis auxquels Georges Tron, qui fut maire de Draveil, député de l'Essonne et secrétaire d'État, a dû faire face en raison, selon lui, de sa « passion » pour la réflexologie plantaire. « Nicolas Sarkozy et François Fillon ont jugé urgent de se débarrasser d'un ministre devenu l'objet d'interrogations égrillardes », écrit Patrick Girard : pour lui, ce départ marque « un tournant dans la vie politique française » et « préfigure le climat délétère et détestable qui risque fort de s'instaurer[2] ».

Ce docteur en histoire et ancien chercheur au CNRS prédit le retour d'un « pseudo-ordre moral et à une pruderie qui constituera le triomphe posthume de Tante Yvonne, vigilante gardienne des principes et des bonnes mœurs à l'époque où elle était la première dame de France » — il émet cette opinion en 2011, c'est-à-dire avant de connaître la condamnation de Tron, en 2021, pour viol et agression sexuelle à cinq ans de prison, dont deux avec sursis, et

1. « Selon des bruits colportés entre autres par l'ancien directeur des Renseignements généraux Yves Bertrand, il [Jack Lang] aurait été arrêté à la *Mamounia* à Marrakech en compagnie d'un jeune garçon, et menacé de poursuites judiciaires, il aurait été exfiltré vers la France avec l'intervention des services secrets », indique Patrick Girard dans *Sexe, mensonges et politiques* (*op. cit.*).

2. *Ibid.*

six ans d'inéligibilité[1]. Il a en effet été reconnu coupable d'avoir imposé des attouchements et pénétrations digitales à une employée municipale sous le couvert, précisément, de la réflexologie plantaire. L'époque des « interrogations égrillardes » se meurt. Entre-temps a déferlé la vague ou plutôt le tsunami causé par le mouvement #MeToo.

### *Naissance du nouvel ordre moral*

C'est une véritable lame de fond qui s'empare des réseaux sociaux et se propage partout dans le monde sous le *hashtag* #MeToo, mais aussi #YesAllWomen, #NiUnaMenos, #BalanceTonPorc. Ces *hashtags* encouragent les femmes à dénoncer les violences dont elles sont l'objet et à remettre en cause les comportements de séducteurs-prédateurs.

Tout commence[2], ou du moins prend l'ampleur planétaire que nous connaissons, en 2017, au moment où éclate l'affaire Harvey Weinstein[3], célèbre producteur de cinéma

1. Incarcéré à la prison parisienne de la Santé depuis février 2021, Georges Tron a bénéficié, en mars 2022, d'un aménagement de peine qui lui a permis d'être libre de ses mouvements dans la journée sous bracelet électronique.

2. #MeToo existe en réalité depuis 2007, lancé par Tarana Burke, une travailleuse sociale de Harlem (New York), pour venir en aide aux victimes d'agressions sexuelles dans les quartiers défavorisés.

3. Accusé par près de quatre-vingt-dix femmes (notamment par les actrices Angelina Jolie, Gwyneth Paltrow et Salma Hayek), Harvey Weinstein a été condamné à vingt-trois ans de prison en février 2020 pour viol et agression sexuelle. Une « peine coup de tonnerre » se décomposant comme suit : vingt ans d'emprisonnement pour agression sexuelle avec violence, en 2006, contre l'ancienne productrice de cinéma Mimi Haleyi, « à laquelle il avait imposé un cunnilingus alors qu'elle avait ses règles », et trois ans supplémentaires pour le viol, en 2013, de Jessica Mann, « qui rêvait de devenir

américain mis en cause dans un grand nombre d'agressions sexuelles. Parmi ses victimes célèbres, il y a notamment la chanteuse Björk, la gymnaste McKayla Maroney, les actrices Ashley Judd, Asia Argento, Rose McGowan et Alyssa Milano. C'est cette dernière qui, dans la nuit du 14 au 15 octobre 2017, poste le tweet suivant : « Si vous avez été victime de harcèlement ou d'agression sexuelle, écrivez "moi aussi" en réponse à ce tweet. » Elle reçoit alors plus de soixante mille messages. Le mouvement se répand comme une traînée de poudre et, au cours des trois mois qui suivent, Twitter recense plus de trois millions de tweets #MeToo — pour dépasser, en un an, les dix-sept millions. En France, la journaliste Sandra Muller lance le *hashtag* #BalanceTonPorc : « Toi aussi raconte en donnant le nom et les détails un harcèlement sexuel que tu as connu dans ton boulot. » En 2021 sera lancé #MeTooPolitique, déjà évoqué à propos de l'affaire Damien Abad. Dans une tribune parue dans le journal *Le Monde*[1], deux cent quatre-vingt-cinq femmes du milieu politique et universitaire demandent que « cesse l'omerta » et que soient « écartés de la vie politique les auteurs de violences sexuelles et sexistes ». Hasard ou coïncidence parfaite : une semaine plus tard se produit la monumentale chute de Nicolas Hulot, ex-ministre de la Transition écologique et solidaire entre 2017 et 2018, accusé de viols et d'agressions sexuelles qui se seraient produits entre 1989 et 2001. Six femmes ont témoigné publiquement contre lui au cours d'une enquête journalistique réalisée par les

---

actrice », et considérée comme « incapable de donner son consentement » (*Le Monde*, 11 mars 2020).

1. Du 15 novembre 2021, https://www.lemonde.fr/idees/article/2021/11/15/nous-exigeons-que-le-monde-politique-prenne-enfin-en-compte-le-mouvement-metoo_6102086_3232.html.

équipes de l'émission de France 2 *Envoyé spécial* et diffusée le 25 novembre 2021. Si la militante écologiste Claire Nouvian[1] confirme que, concernant Nicolas Hulot[2], « il y a clairement un dysfonctionnement dans ses rapports avec les femmes », au sommet de l'État le jugement est plus mesuré : « Il faut que la parole se libère et c'est très bien qu'elle se libère », a déclaré Emmanuel Macron, tout en précisant sa pensée sous forme de mise en garde : « La justice ne se fait pas dans les médias, pas dans les tribunaux médiatiques. […] Nous n'accepterons jamais une société de l'opacité ou de la complaisance. Et nous ne voulons pas non plus d'une société de l'inquisition[3]. »

C'est bien là le cœur de ma réflexion, entre dénonciation

1. Claire Nouvian a rencontré Nicolas Hulot lors d'un tournage de son émission *Ushuaïa*, au Costa Rica, en 2008. « Avant de partir en tournage, son entourage me prévient. Il faut éviter les situations où tu es seule avec lui. Si vous travaillez, c'est dans le restaurant de l'hôtel et pas dans ta chambre. S'il vient dans ta chambre le soir, n'ouvre pas. » Elle raconte avoir eu vent, par la suite, de trois ou quatre alertes portant sur Nicolas Hulot. Nombre de jeunes filles seraient « passées à la casserole », et toutes n'étaient pas, selon elle, consentantes (*L'Internaute*, 24 mai 2022, https://www.linternaute.com/actualite/biographie/1776872-nicolas-hulot-l-ancien-ministre-entendu-par-les-enqueteurs-sur-les-accusations-de-viols/).

2. Nicolas Hulot a été entendu en mai 2022, en audition libre, par les enquêteurs de la brigade de protection des mineurs (BPM) à Paris. Les investigations menées devront « déterminer si les faits dénoncés peuvent caractériser une infraction pénale et si, au vu de leur ancienneté, la prescription de l'action publique est acquise » (*La Dépêche*, 24 mai 2022, https://www.ladepeche.fr/2022/05/24/nicolas-hulot-entendu-a-paris-sur-des-accusations-de-viol-et-dagressions-sexuelles-10315406.php).

3. *Libération*, 1er décembre 2021, https://www.liberation.fr/societe/droits-des-femmes/macron-sur-le-cas-hulot-cest-tres-bien-que-la-parole-se-libere-mais-la-justice-ne-se-fait-pas-dans-les-medias-20211201_KWX24BPMCBD6PHT6UQUMR54MRY/.

publique de faits qui soulèvent d'immenses vagues d'émotion et une justice qui doit s'appliquer de façon rationnelle, dans le respect des lois en vigueur. « Twitter est devenu l'outil de la confession publique et le tribunal d'un nouvel ordre moral », analyse le journaliste Benjamin Sire[1], tout en déplorant que l'énorme pouvoir acquis par ce réseau social « échappe à tout cadre judiciaire » — lequel n'incarne plus qu'un élément accessoire sujet à caution. Si la justice n'est plus qu'une structure secondaire inspirant de la défiance et supplantée par la puissante voix de la délation au service du tribunal de l'opinion, à quoi sert-elle au bout du compte ? Comment combattre la tentation grandissante de s'en passer ? Et de fait, s'alarme Sire, nombre de « twittos » « dénient » à la personne dénoncée publiquement la possibilité de se défendre par le biais des canaux légaux, cette action-là étant considérée comme un « outrage supplémentaire » à l'encontre de la victime. Celui ou celle qui a été lynché sur Twitter est « par essence coupable » — donc « pas condamnable, mais déjà condamné ».

Le tribunal de Twitter travaille sans relâche : les politiques jugés sexuellement décadents y comparaissent en nombre, soumis à la loi précitée de la condamnation d'office. Parmi eux, citons Benjamin Griveaux, qui en 2020 a vu sa carrière voler en éclats, alors que ce diplômé de Science Po et de HEC, qui fut secrétaire d'État et porte-parole du gouvernement sous la première présidence Macron, visait l'Hôtel de Ville de Paris. À un mois du premier tour des

1. *Le Figaro*, 26 janvier 2021, https://www.lefigaro.fr/vox/societe/twitter-est-devenu-l-outil-de-la-confession-publique-et-le-tribunal-d-un-nouvel-ordre-moral-20210126.

élections municipales, devant l'ampleur du scandale qui le touche, il jette l'éponge.

Tout a pourtant si bien commencé — Griveaux pose pour *Paris Match* en compagnie de sa femme enceinte avec qui « c'est l'amour fou[1] ». Et puis voilà qu'à la mi-février 2020 des images, pourtant privées, de lui se masturbant sont diffusées sur les réseaux sociaux, notamment relayées par des personnalités comme Joachim Son-Forget, à cette époque député, ou le médiatique Laurent Alexandre[2] — lequel a ensuite regretté d'avoir contribué à leur viralité. Benjamin Griveaux a entretenu une brève relation extraconjugale avec Alexandra de Taddeo (qui est en réalité la compagne de Piotr Pavlenski). Dans le cadre de leurs échanges intimes et privés, il a envoyé à la jeune femme des vidéos d'ordre pornographique, dont celle où il se masturbe. Griveaux avait activé la fonction « message éphémère », c'est-à-dire que sans une sauvegarde intentionnelle, ladite vidéo aurait dû s'effacer automatiquement. La mise en ligne initiale de cette vidéo a été effectuée par un artiste russe réfugié en France, Piotr Pavlenski[3], qui explique avoir voulu, par ce

1. *Paris Match*, 11 avril 2019, https://www.parismatch.com/Actu/Politique/Le-pari-de-Benjamin-Griveaux-1617775.

2. Laurent Alexandre explique avoir « regardé le message distraitement » et « retweeté le lien machinalement ». Il précise aussi ne pas avoir vu les images. « Par négligence, je me suis laissé instrumentaliser dans cette opération politique anti-Macron. J'aurais évidemment dû lire la totalité de l'article et regarder les vidéos avant de relayer. Quand j'ai compris de quoi il s'agissait, j'ai immédiatement effacé mon tweet » (*L'Obs*, 15 février 2020, https://www.nouvelobs.com/politique/20200215.OBS24889/retrait-de-griveaux-laurent-alexandre-regrette-d-avoir-relaye-les-videos.html).

3. L'artiste activiste Piotr Pavlenski s'est d'abord illustré en se clouant les testicules entre les pavés de la place Rouge ou en se cousant les lèvres pour soutenir les membres du collectif punk féministe Pussy Riot. En France, il a déjà été condamné à un an de prison pour avoir incendié la façade d'une

biais, dénoncer les représentants politiques « qui mentent à leurs électeurs en imposant le puritanisme à la société, alors qu'ils le méprisent eux-mêmes ». À propos de Benjamin Griveaux, Piotr Pavlenski déclare que c'est « quelqu'un qui s'appuie en permanence sur les valeurs familiales, qui dit qu'il veut être le maire des familles et cite toujours en exemple sa femme et ses enfants. Mais il fait tout le contraire ». Et de poursuivre en assurant que « ça ne [l]e dérange pas que les gens aient la sexualité qu'ils veulent, ils peuvent même baiser des animaux, pas de problème, mais ils doivent être honnêtes ». En somme, si Benjamin Griveaux veut être « le chef de la ville », il doit se présenter vierge de tout mensonge devant ses électeurs. « Je vis désormais en France, je suis parisien, c'est important pour moi[1] », conclut Piotr Pavlenski.

C'est ici que s'affirme — alors que ce qu'a fait Benjamin Griveaux n'est nullement répréhensible par la loi et qu'en réalité c'est lui qui est victime d'une atteinte à l'intimité de la vie privée — l'obligation d'exemplarité de la part des politiques, et ce dans les moindres recoins de leur existence. Ils doivent donc « s'extraire de la masse des mortels pour s'ériger en parangons de moralité », analyse l'auteure

---

succursale de la Banque de France en octobre 2017. Pour ce qui concerne l'affaire Griveaux, par réquisitoire définitif du 29 mars 2022, le parquet de Paris a requis son renvoi devant le tribunal correctionnel pour « atteinte à l'intimité de la vie privée par enregistrement, fixation ou transmission sans consentement d'images d'une personne présentant un caractère sexuel » et « diffusion sans accord d'images à caractère sexuel » (*Le Figaro*, 22 avril 2022, https://www.lefigaro.fr/faits-divers/affaire-griveaux-le-parquet-demande-le-renvoi-en-correctionnelle-pour-piotr-pavlenski-et-alexandra-de-taddeo-20220422).

1. *Libération*, 14 février 2020, https://www.liberation.fr/politiques/2020/02/14/benjamin-griveaux-se-retire_1778370/.

Emma Becker[1]. Elle dénonce aussi le danger, pour notre société démocratique, de la méthode employée, car plutôt que de se « féliciter des informations bassement obtenues sur la prétendue moralité de Griveaux » et de cautionner positivement la délation, voire de l'élever au grade de valeur, il eût bien plutôt fallu « condamner fermement la diffusion d'images volées ». Se réjouir de la démission de Griveaux, souligne avec justesse Becker, valide « cette malveillance moralisatrice » et fait de la vie sexuelle « un point Godwin au-delà duquel aucun débat n'est possible ». Par ailleurs, ajoute le philosophe Michel Onfray[2], ce n'est pas parce que Griveaux a « célébré les vertus de la vie de famille tout en ayant une vie intime hors de cette même famille » qu'il faut le sanctionner et le soumettre au lynchage : « On peut aimer sa femme, ses enfants, sa famille » et « ne pas réduire sa vie intime à ce qu'autorise le couple monogame, fidèle, cohabitant et bourgeois », rappelle-t-il — mais peut-il encore être entendu ? Michel Onfray lui-même ne cache pas son pessimisme : « Ce qui est arrivé à Benjamin Griveaux s'explique par le triomphe des passions tristes en politique, mais pas seulement : haine, envie, jalousie, mépris. C'est donc ici la victoire du ressentiment en politique : il ne s'agit de rien de moins que de la guillotine 2.0 de notre époque. »

Et cette « guillotine 2.0 » fonctionne de plus en plus souvent — impossible de lister ici toutes les affaires sexuelles visant les politiques ou toutes les suspicions lancées publiquement, comme celles touchant le député La France

1. Emma Becker, « On n'est pas sérieux quand on a un zizi », *Le Point*, 20 février 2020 (dossier).

2. Michel Onfray, « Intimité. Le combat du siècle », *Le Point*, 20 février 2020 (dossier).

insoumise (LFI) Éric Coquerel alors qu'il vient d'être élu à la tête de la commission des finances de l'Assemblée nationale.

Le 30 juin 2022, la journaliste Rokhaya Diallo s'étonne, sur RTL, de la nomination d'Éric Coquerel à la présidence de la commission des finances de l'Assemblée nationale. « J'ai plusieurs sources au sein de LFI, j'ai entendu plusieurs fois des femmes qui m'ont parlé du comportement qu'il aurait avec les femmes », explique-t-elle. Elle fait aussi référence à une enquête effectuée par le magazine *Causette* en 2018 : « La France insoumise les préfère soumises ? » Éric Coquerel se justifie alors dans le *JDD* du 4 juillet 2022. Il y évoque les « rumeurs infondées » qui le visent. « Je fais cette tribune pour affirmer que je n'ai jamais exercé une violence ou une contrainte physique ou psychique pour obtenir un rapport, ce qui caractérise la porte d'entrée d'un comportement délictuel dans le domaine des violences sexistes et sexuelles[1] », écrit-il. Une plainte sera finalement déposée contre lui par Sophie Tissier, ancienne figure des Gilets jaunes, pour « harcèlement sexuel ». Elle reproche au député LFI ses « gestes déplacés » et ses « mains baladeuses », son « regard salace, gluant », sa « drague lourdingue » ainsi que son comportement « outrancier, offensant, harcelant. »

Si la France lave de plus en plus blanc, au point d'exiger que les gens de pouvoir naissent saints et surtout conservent éternellement leur statut d'immaculés, qu'en est-il à l'étranger ?

1. Https://www.lejdd.fr/Politique/une-plainte-deposee-contre-eric-coquerel-pour-harcelement-sexuel-4121451.

Des Bahamas à Paris en passant par le Nouveau-Mexique, Israël, la Floride, etc., le réseau « pédocriminel » créé par Jeffrey Epstein est international. Il implique par ricochet tout un ensemble de célébrités, de puissants dirigeants politiques, de têtes couronnées, de financiers internationaux…

Parmi eux, les anciens présidents des États-Unis Donald Trump et Bill Clinton, que les moins jeunes d'entre nous associent toujours au « Monicagate[1] », autre scandale sexuel

1. Ce scandale concerne une liaison qu'a eue Bill Clinton entre 1995 et 1997 avec Monica Lewinsky, alors stagiaire à la Maison-Blanche. Cette « liaison » s'est résumée selon lui à des caresses sur la poitrine et au sexe de Monica, ainsi qu'à des fellations. Il dit avoir recouru une seule fois à un cigare, pour l'introduire dans le vagin de la jeune femme puis le glisser entre ses propres lèvres avec ce commentaire : « Ça a bon goût ! » Ce ne fut en revanche pas du « goût » de son épouse Hillary, qui ordonna la mutation de la stagiaire — ce qui déclencha la colère de cette dernière ainsi que tout le scandale qui aussitôt éclata, car Monica Lewinsky avait conservé l'une de ses robes tachée du sperme du président. En janvier 1998, Bill Clinton comparaît devant le grand jury et nie d'abord avoir eu des relations sexuelles avec elle. Mais lorsque la preuve, matérialisée par la robe tachée, est fournie, il reconnaît « avoir eu une relation qui n'était pas convenable avec Mlle Lewinsky ». Il comprend qu'il doit demander publiquement pardon à son épouse. « On le vit alors multiplier les séances d'autoflagellation en public, confessant sa faute […]. Il y avait péril en la demeure. La voie était en effet ouverte désormais pour une procédure d'*impeachment* contre le Président, analogue à celle dont avait été menacé Richard Nixon lors du Watergate », explique Patrick Girard (*Sexe, mensonges et politiques, op. cit.*). Mais cela ne se produira pas, car une relation extraconjugale n'est ni un crime ni un délit, et la Constitution américaine stipule qu'une destitution du président n'est possible qu'en cas de trahison, corruption, ou autres crimes et délits. Une petite anecdote en passant, toujours racontée par Patrick Girard, à propos de la réputation de « chaud lapin » qu'avait Bill Clinton — « même en faisant mes discours, je bande », aurait-il confié à l'une de ses maîtresses. Hillary Clinton n'ignorait pas les infidélités de son mari, et à l'arrivée du couple à la Maison-Blanche elle avait pris des « mesures préventives ». Ayant eu connaissance du fait

qui en 1998 avait failli le chasser de la Maison-Blanche. Surgit aussi le nom du prince Andrew, fils d'Elizabeth II et considéré comme un héros de la guerre des Malouines en 1982, et celui de l'ancien Premier ministre israélien Ehud Barak.

Un cran plus bas, sont également concernés par ce séisme George Mitchell, ancien sénateur du Maine, ex-émissaire spécial de Bill Clinton et figure des accords de paix en Irlande du Nord, puis émissaire spécial de Barack Obama pour le Moyen-Orient, ainsi que Bill Richardson, ex-gouverneur du Nouveau-Mexique. Il y a aussi des milliardaires, tel Leslie Wexner, patron de l'entreprise L Brands, maison mère de la marque de lingerie Victoria's Secret, et le patron français de l'agence de mannequins MC2, Jean-Luc Brunel[1].

La liste n'est pas exhaustive — elle donne un petit aperçu de l'ampleur de ce qui fut en effet internationalement appelé le « scandale du siècle ». Tout éclate quand Jeffrey Epstein, alors emprisonné et en attente de son procès — il est accusé d'agressions sexuelles, de proxénétisme ainsi que de nombreux détournements de mineurs —, est retrouvé mort par suicide, pendu dans sa cellule, le 10 août 2019. Or ce procès était vraiment très attendu pour démasquer et faire tomber de leur piédestal de nombreux complices de ses crimes — très attendu notamment par Virginia Giuffre, « livrée », avec la complicité active de l'ex-compagne de

qu'une secrétaire « se vantait de venir à son bureau sans porter de petite culotte », elle demanda au responsable du personnel de s'assurer « désormais que tout le monde porte des sous-vêtements ». Girard la surnomme donc la présidente « Petit Bateau »...

1. Jean-Luc Brunel a été retrouvé mort, pendu dans sa cellule de la prison de la Santé à Paris, en février 2022.

l'accusé, Ghislaine Maxwell, et selon des documents justement publiés la veille de la mort d'Epstein, telle de la marchandise au prince Andrew qui l'a « agressée sexuellement[1] ». Ghislaine Maxwell, Britannique née en France, figure connue des soirées mondaines à Londres, New York et même Mar-a-Lago, la résidence de Donald Trump en Floride, ex-compagne d'Epstein, est accusée d'avoir « assisté, facilité et contribué aux abus perpétrés sur des jeunes filles mineures par Jeffrey Epstein, en l'aidant, entre autres, à recruter, préparer et finalement abuser de ses victimes ». Elle sera donc jugée, reconnue coupable en 2021 de trafic de mineurs et condamnée en 2022 à vingt ans de prison. « La peine prononcée aujourd'hui rend Ghislaine Maxwell responsable d'avoir commis des crimes odieux contre des enfants. Cela envoie un message fort : personne n'est au-dessus des lois et il n'est jamais trop tard pour la justice[2] », a déclaré Damian Williams, procureur fédéral du tribunal de Manhattan.

Celui qui est considéré comme le fils préféré de la reine Elizabeth II a donc mis en danger « l'honneur de la Couronne » et tous ses titres militaires lui seront retirés en janvier 2022, avec désormais l'interdiction d'user de son titre d'altesse royale. Même si un accord financier de 14 millions d'euros a été trouvé pour lui permettre d'échapper à un procès aux États-Unis, cela sonne comme une « reconnais-

1. « L'enquête officielle a conclu à un suicide, mais la concomitance des événements a nourri les théories selon lesquelles Epstein est mort pour qu'il ne parle pas », commente TV5 Monde le 14 janvier 2022 (https://information.tv5monde.com/terriennes/qui-est-virginia-giuffre-celle-qui-accuse-le-prince-andrew-d-agression-sexuelle-440339).

2. *Le Monde*, 28 juin 2022, https://www.lemonde.fr/international/article/2022/06/28/affaire-jeffrey-epstein-ghislaine-maxwell-condamnee-a-20-ans-de-prison-pour-crimes-.

sance de culpabilité » — certains médias français parlent de « déshonneur[1] » et, sur place, le *Sun* titre « L'ultime disgrâce », alors que le *Daily Mail* choisit le mot « humiliation » pour qualifier le principe de cette transaction. En avril 2022, le prince Andrew se voit privé du titre honorifique qui lui avait été accordé en 1987 par la ville anglaise d'York : il est donc déchu de son titre de duc d'York.

Du côté des présidents américains, c'est *fluctuat nec mergitur.* Bill Clinton est suspecté d'avoir voyagé, en toute discrétion et à plusieurs reprises, à bord du jet privé d'Epstein, surnommé le *Lolita Express* car des adolescentes y étaient mises à la disposition sexuelle des passagers. Il aurait également été vu sur l'île privée de l'homme d'affaires, où de jeunes prostituées auraient été offertes en vue d'orgies. Ce à quoi Clinton a répondu qu'il ne « savait rien au sujet des crimes terribles pour lesquels Jeffrey Epstein a plaidé coupable », précisant qu'il n'avait « pas parlé à Epstein depuis plus de dix ans » et n'était « jamais allé sur l'île de Little Saint-James[2] ».

Donald Trump, alors président des États-Unis, se sortira plutôt bien de cette affaire. Au sujet d'Epstein, il déclare d'abord : « Je connais Jeff depuis quinze ans. Il est génial. C'est un plaisir de passer du temps avec lui. On dit même qu'il aime autant les jolies femmes que moi. Il les préfère plutôt jeunes. » Mais après l'arrestation d'Epstein, il essaie de « corriger » ses propos. Il dit le connaître « comme tout

1. France Info, 17 février 2022, https://www.francetvinfo.fr/societe/familles-royales/le-prince-andrew-a-conclu-un-accord-de-14-millions-deuros-afin-deviter-un-proces-aux-etats-unis_4966710.html.

2. *L'Obs*, 31 juillet 2020, https://www.nouvelobs.com/societe/20200731.OBS31761/bill-clinton-mis-en-cause-dans-un-nouveau-temoignage-dans-l-affaire-epstein.html.

le monde à Palm Beach le connaissait », et avoir eu « une dispute avec lui » : « Je ne lui ai pas parlé depuis quinze ans. Je n'étais pas un grand fan de lui, je peux vous l'assurer[1] », précise-t-il. Donald Trump aurait également confié à l'une de ses assistantes avoir refusé l'entrée de ses clubs à Jeffrey Epstein « après avoir su qu'il cherchait à "recruter" une jeune femme travaillant à Mar-a-Lago ».

Somme toute, Trump aura su « prendre ses distances au bon moment » et jouer « la carte de la prudence ». Voulant entrer en politique, il rompra leur lien « avec beaucoup d'hypocrisie, puisqu'ils se sont grandement appréciés[2] ».

### *Électeur américain, électeur français : même combat ?*

Si cette « affaire Epstein » a affecté nombre de pays, cela signifie-t-il pour autant que, par exemple, un électeur américain regardera la moralité de ses représentants politiques de la même façon qu'un Français ? Il y a quelques années encore, la réponse eût été clairement non.

Car, nous explique en 2003 le professeur de civilisation américaine Mokhtar Ben Barka[3], « dans la tradition politique américaine, la vie privée occupe une place excep-

1. France Info, 13 août 2019, https://www.francetvinfo.fr/monde/usa/presidentielle/donald-trump/affaire-jeffrey-epstein-pourquoi-donald-trump-bill-clinton-et-le-prince-andrew-d-angleterre-sont-ils-impliques_3574029.html.

2. *Le Figaro Madame*, 9 mars 2021, https://madame.lefigaro.fr/societe/interview-jean-gabriel-fredet-jeffrey-epstein-etait-cynique-et-cruel-il-fascinait-ses-proies-080321-195585.

3. Mokhtar Ben Barka, « Sexe et pouvoir aux États-Unis », *E-rea. Revue électronique d'études sur le monde anglophone*, *OpenEditions Journals*, 2003, https://journals.openedition.org/erea/132?lang=en.

tionnelle dans la sphère publique ». C'est ainsi qu'« à la différence de la France où la séparation entre le privé et le public est plus tranchée », souligne-t-il — ce qu'il est particulièrement intéressant de se remémorer en 2022 —, « la vie privée des hommes publics est considérée, aux États-Unis, comme un élément essentiel dans le jugement politique ». Autre observation pertinente avec le recul dont nous disposons, et qui confirme la porosité grandissante entre culture française et influence américaine : Mokhtar Ben Barka remarque qu'à cette époque (au XXe siècle, donc), dans la plupart des pays européens, « les révélations les plus croustillantes sur les personnalités publiques sont traitées par l'humour » — et de préciser que ce n'est pas du tout le cas aux États-Unis, où « le moindre soupçon d'écart de conduite devient une arme politique et où les carrières politiques se font et se défont au gré des accidents biographiques, même les plus lointains ».

Pour résumer, aux États-Unis, « l'intégrité fonde la crédibilité », et surtout, point fondamental que nous sommes en train d'adopter par contagion : « La morale privée des hommes politiques définit leur personnalité publique. » Pour que leurs hommes politiques aient le droit de s'occuper des affaires publiques, les Américains exigent d'eux qu'ils soient « au-dessus de tout soupçon ». Il s'agit d'un authentique code moral : tout prétendant à des responsabilités politiques doit prouver son « attachement à la morale judéo-chrétienne et aux valeurs familiales traditionnelles ». Ainsi, explique Mokhtar Ben Barka, « la présence de l'épouse, des enfants et des petits-enfants est incontournable : elle authentifie le dévouement du candidat à sa famille, confirme sa moralité et loue l'exemplarité de sa vie privée. [...] Les questions de personnalité et de comportement privé pèsent d'un poids tel que les véritables enjeux politiques, culturels et sociaux sont le plus souvent relégués au second plan. On peut à juste titre se demander si finalement les électeurs américains ne votent pas pour un homme ou pour une femme plutôt que pour un programme politique. La personnalisation extrême du pouvoir ne peut avoir que des effets néfastes : à vouloir faire reposer la crédibilité d'un homme public sur sa vie privée, il en résulte que ceux qui gouvernent ne sont pas forcément les plus compétents[1] ». En schématisant grossièrement, non sans inquiétude quant à l'élargissement de ce concept en Europe, notons que, pour être élu, le politique américain doit d'abord prouver son absolue conformité aux règles morales plutôt que ses compétences.

Patrick Girard, dans son livre déjà cité *Sexe, mensonges et politiques*, raconte que John Fitzgerald Kennedy a manifesté très tôt un fort appétit pour le sexe : « En 1936, passant ses vacances en Arizona, il écrivait à son ami Leon Billings : "Si tu savais comment mon corps est devenu beau, avec cette vie de plaisir que je mène, occupé à monter des chevaux et des Mexicaines." » Et deux ans plus tard, après avoir terminé ses examens : « Je peux baiser maintenant autant que je veux et à l'œil, c'est un pas dans la bonne direction. » Ensuite il « trompa sa femme avec application, se servant comme rabatteur de son beau-frère, l'acteur Peter Lawford ». Une fois élu président et installé à la Maison-Blanche, il put « s'adonner à de joyeuses séances récréatives avec ses deux secrétaires, Fiddle (Amusette) et Faddle (Bagatelle), tout en honorant ses trois maîtresses

1. « Sexe et pouvoir aux États-Unis », art. cité.

officielles : Judith Campbell Exner (ex-maîtresse de Frank Sinatra), Mary Pinchot Meyer et Marilyn Monroe qu'il partageait avec son frère Robert ». À propos de la mort de Marilyn, Patrick Girard cite la thèse de Don Wolfe[1], selon laquelle l'actrice, « furieuse d'être délaissée », aurait eu l'intention de révéler publiquement sa relation avec les deux frères. Robert Kennedy aurait alors paniqué et donné l'ordre de lui administrer une dose mortelle de tranquillisants, de sorte à maquiller sa mort en suicide.

Si l'histoire américaine ne manque pas de récits croustillants sur les aventures et infidélités sexuelles de ses présidents — notamment celles de Franklin Roosevelt, d'Eisenhower, et surtout de John Fitzgerald Kennedy —, dans l'affaire Monica Lewinsky l'argumentation de Clinton consistant à revendiquer son « droit » à une vie privée ne tient pas aux États-Unis, où justement « la vie privée du président est une affaire publique », car « il incarne le peuple et le représente dans sa majesté et sa dignité ». Quand le président se compromet moralement, il implique et couvre de honte tous les Américains, pour qui la Maison-Blanche est le « temple de la religion civile ». C'est ce qui explique que la liaison avec Monica Lewinsky sur le lieu de travail du président ait été perçue comme la profanation d'un sanctuaire : « Pour de nombreux Américains, un tel comportement n'était pas simplement "déplacé" — "*inappropriate*", comme le disait Bill Clinton — mais bel et bien un sacrilège[2] », nous éclaire encore le précieux Mokhtar Ben Barka.

Mais d'où vient donc, malgré tout, cette impression que

1. *Marilyn Monroe. Enquête sur un assassinat*, Albin Michel, 1998.
2. « Sexe et pouvoir aux États-Unis », art. cité.

l'exigence d'irréprochabilité s'est durcie aux États-Unis — et à partir de quand ?

Patrick Girard[1] date l'évolution des mentalités, dans un sens puritain, de la période qui a suivi l'assassinat de John Fitzgerald Kennedy. Le Texan Lyndon Baines Johnson, qui lui succéda en 1963, « se comporta comme s'il devait comparaître, dans la minute suivante, devant son Créateur ». Ensuite, Richard Nixon fut l'exemple même de la fidélité, et Gerald Ford s'illustra davantage par « son incapacité à descendre une passerelle sans tomber » qu'à cause de ses frasques amoureuses, quand Jimmy Carter « aurait découragé les hétaïres les plus audacieuses avec sa manie de prononcer des sermons ». Enfin, Ronald et Nancy Reagan et George et Barbara Bush « donnaient le spectacle de couples vivant une perpétuelle lune de miel », commente plaisamment Girard. Quant à Barack et Michelle Obama, ils incarnent l'image même du « couple culte » et « iconique » aux États-Unis : ils s'aiment depuis leur rencontre et cela dure depuis plus de trente ans — « La famille a toujours été importante pour le couple, et ils n'hésitent pas à partager leur bonheur familial avec leurs électeurs[2] ».

Est-ce à dire que nous devons nous attendre, par contamination, au retour du bon vieil adage américain : « Qui trahit sa femme, trahit ses électeurs », assorti de sanctions punitives comme les coups de fouet et la prison en cas de fornication avec une femme célibataire, ou le marquage au fer rouge pour la femme mariée ayant commis un adultère ?

1. *Sexe, mensonges et politiques*, *op. cit.*

2. *Elle*, 17 janvier 2022, https://www.elle.fr/People/La-vie-des-people/News/Barack-et-Michelle-Obama-une-histoire-d-amour-qui-dure/Getty Images-680469474.

Je force à peine le trait, songeant d'une part à la violence des lynchages qui se déroulent sur les réseaux sociaux, et, plus grave encore, à la remise en cause puis à l'enterrement du droit des femmes à l'avortement aux États-Unis[1]. Au-delà de la régression sur le plan des mentalités (« un triste jour pour la Cour et pour le pays » et une décision qui « fait revenir l'Amérique cent cinquante ans en arrière », a commenté Joe Biden), plus inquiétante est la manipulation politique qui a précédé le séisme. « Les responsables politiques républicains ont vite compris la force de cet argument antiavortement pour gagner des voix, ce qui a fait du sujet un véritable enjeu politique, explique l'historien Simon Grivet. La droite évangélique représente aujourd'hui un quart des électeurs et est majoritaire dans certaines régions du Sud et du Midwest, comme dans l'Indiana. Il s'agit surtout de chrétiens blancs mais elle a aussi des relais dans certaines églises africaines-américaines et, de plus en plus, dans l'Église catholique, qui est très influente chez les Hispaniques. Se positionner contre l'avortement permet de gagner énormément d'électeurs mais aussi des voix déterminantes parmi les minorités[2] » — de quoi frémir sur ce qui nous attend dans notre vieille Europe, si friande du modèle américain.

1. Vendredi 24 juin 2022, la Cour suprême a annulé l'arrêt Roe *vs* Wade garantissant la protection de l'avortement au niveau fédéral. Chaque État légiférera désormais sur cette question et, selon les projections, vingt-six États sur cinquante devraient en prononcer l'interdiction.

2. *Le Monde*, 7 mai 2022, https://www.lemonde.fr/international/article/2022/05/07/avortement-aux-etats-.

## III

## *Politique et argent : couple nécessaire ou toxique ?*

Méprisé par les uns, envié par les autres, décrié par les puristes qui le considèrent comme un corrupteur d'idées et d'idéaux, l'argent est pourtant inextricablement lié à la politique — qu'il soit une fin ou un moyen. La façon dont il est perçu et utilisé fait en quelque sorte partie du programme que les prétendants au pouvoir présentent aux électeurs, pour lesquels cette question est spécialement sensible. Tel candidat trop dépendant de la manne accordée par le détenteur d'un empire financier suscitera la méfiance — car un jour ou l'autre il faudra bien renvoyer l'ascenseur.

### *France, pays des richophobes*

En France, et encore en 2022, l'argent reste curieusement un sujet tabou. C'est un paradoxe, souligne l'économiste Yann Algan, car « alors que notre pays est associé dans l'imaginaire collectif à la fameuse "exception culturelle, loin des préoccupations marchandes", c'est le pays où l'argent joue le plus grand rôle dans le bien-être des individus[1] ». C'est également en France que la défiance éprouvée vis-à-vis des institutions est de loin la plus forte — ce qui évidemment empêche les Français de « s'inscrire dans une destinée collective » — et que les riches jouissent d'une bien mauvaise cote de popularité, leur aisance financière étant jugée illégitime, car issue de passe-droits ou d'héritages : « L'individu est tyrannisé par des désirs non naturels et nécessaires, dévoré par des passions tristes comme le ressentiment, la haine, car il n'a jamais assez d'argent et les autres en ont trop. Il n'y a plus aucune limite à ses désirs ; l'amour de l'argent destitue l'amour de la vérité et de la justice, instrumentalisant la raison et rendant l'individu instable. Un tel être ne peut ni se gouverner soi-même ni gouverner autrui de manière juste[2] », analyse la philosophe Corine Pelluchon. Notons au passage que, à l'inverse des Français, les Anglais ou les Américains glorifient la réussite matérielle comme l'aboutissement de leurs efforts — mais il n'est pas certain que cela débouche sur davantage d'équité, quand on songe par exemple au mode de financement des campagnes électorales aux États-Unis, « sous une pluie de dollars[3] », ainsi qu'à la terrifiante puis-

1. *Le Figaro Madame*, 11 avril 2022, https://madame.lefigaro.fr/societe/actu/la-france-est-le-pays-ou-l-argent-joue-le-plus-grand-role-dans-le-bien-etre-des-individus-20220411.

2. *La Croix*, 23 mars 2017, https://www.la-croix.com/France/Politique/Largent-revelateur-politique-2017-03-23-1200834139.

3. Pour donner une idée de cette « pluie de dollars », le coût de la course à la Maison-Blanche qui verra la victoire de Barack Obama en 2008 a été évalué à 2,5 milliards de dollars — à comparer avec les 74,2 millions d'euros déboursés par l'ensemble des dix candidats à l'élection présidentielle française du printemps 2012 (*Le Monde diplomatique*, octobre-novembre 2012, https://www.monde-diplomatique.fr/mav/125/BREVILLE/48410).

sance des lobbys, notamment celui des armes. La National Rifle Association (NRA), lobby des armes considéré comme « le plus puissant du monde » et « capable de faire tomber quiconque se me[t] au travers de sa route », aurait financé la campagne présidentielle de Donald Trump à hauteur d'au moins 30 millions de dollars. La NRA est également suspectée d'avoir fait perdre le démocrate Al Gore (lequel avait tenté de faire passer une loi antiarmes quand il était vice-président de Bill Clinton) en orchestrant contre lui une campagne de dénigrement de 20 millions de dollars. Et bien sûr, la NRA a également « fourbi ses armes » contre Hillary Clinton. « La présidentielle 2016 est l'élection la plus importante de notre histoire. Si Hillary Clinton est élue, vous pouvez dire au revoir à votre pistolet », a-t-il été proféré, telle une malédiction, par la direction de la NRA[1].

L'Europe continentale a peur de l'argent. En Espagne, c'est le dirigeant ultragauchiste qui se voit tancer parce qu'il a acheté une piscine dans la banlieue de Madrid, à hauteur de ses moyens, mais jugée trop grande ou belle par le populisme de la presse dite de gauche[2]...

Les manifestations de la « richophobie[3] » des Français, et spécialement envers leurs représentants politiques — Emmanuel Macron n'a-t-il pas été rebaptisé le « président des riches » ? —, ne manquent pas, ainsi que l'ont

1. *Les Échos*, 1er juin 2016, https://www.lesechos.fr/2016/06/la-nra-ce-lobby-qui-gouverne-lamerique-1111415.

2. Https://www.liberation.fr/planete/2018/05/20/pablo-iglesias-achete-une-villa-avec-piscine-podemos-risque-le-plongeon_1651458/.

3. Terme emprunté à Planet.fr, 31 janvier 2020 : « Richophobie : la France déteste-t-elle vraiment les milliardaires ? », https://www.planet.fr/societe-richophobie-la-france-deteste-t-elle-vraiment-les-milliardaires.1932431.29336.html.

démontré la crise des Gilets jaunes[1] ou encore la réaction très vive contre de grandes fortunes françaises comme Arnault, Pinault, Bettencourt, vilipendées sur Twitter après qu'elles eurent annoncé vouloir aider à la reconstruction de la cathédrale Notre-Dame de Paris incendiée en avril 2019[2]. Mais à quand remonte réellement cette détestation politique ? Pour certains commentateurs, à l'instar de Pierre Michelbach[3], elle puise son origine dans la revendication à l'égalité, l'un des trois piliers de notre devise nationale.

Le ministre macroniste, anciennement socialiste, Olivier Dussopt se fait scalper pour avoir accepté deux misérables lithographies en cadeau, et cela devient une affaire judiciaire sur les supposées corruption et prise illégale d'intérêts[4]. « Une des premières expressions historiques de cet égalitarisme a été le sans-culottisme, au cours de la Révolution française. Emblématiser le pantalon contre le port de la culotte — forcément "dorée" — c'était s'affirmer non seulement contre la noblesse, mais contre l'ensemble des couches supérieures de l'ancien Tiers-État. On se tutoie, on s'appelle citoyen, on ne supporte pas l'orgueil de ceux qui portent des bas de soie[5]. »

1. Se reporter à la note n° 1, p. 41.

2. « Mécénat vautour », « générosité dévoyée », « dons de milliardaires défiscalisés »… « Y aura pas d'article pour tous les prolos qui fileront la totalité de leur salaire »… Sur Twitter ce fut une « salve » de « réactions virulentes », un « flot de sarcasmes et d'incompréhension » (*Le Monde,* 19 avril 2019, https://www.lemonde.fr/m-perso/article/2019/04/19/les-riches-ces-mal-aimes_5452586_4497916.html).

3. « À bas les riches et les "gros" ! », *L'Histoire,* novembre 1996, https://www.lhistoire.fr/bas-les-riches-et-les-%C2%AB-gros-%C2%BB.

4. Https://www.lemonde.fr/societe/article/2020/08/19/le-domicile-d-olivier-dussopt-perquisitionne-dans-le-cadre-d-une-affaire-pour-corruption-et-prise-illegale-d-interets_6049361_3224.html.

5. « À bas les riches et les "gros" ! », art. cité.

Le mouvement des Gilets jaunes a d'ailleurs emprunté nombre de symboles de cette époque, comme la guillotine qui a refait son apparition au milieu des ronds-points, « plantée là, avec des inscriptions vengeresses, parfois avec un mannequin décapité » et annonçant « une volonté de justice populaire à l'égard des puissants[1] », analyse Nathalie Alzas, docteure en histoire, dont il faut lire le long article très fouillé qu'elle a consacré à ce sujet. Cela va même jusqu'à la mise en scène de l'exécution du président de la République Emmanuel Macron, assimilé à Louis XVI en raison de son « mépris » et de sa « morgue » vis-à-vis des humbles — ce qui pose « avec acuité la question de la souveraineté du peuple et de ses rapports avec la violence politique ». Car, désormais, c'est le peuple qui « dispose de la violence légitime, et non plus l'État, en l'occurrence le président de la République, accusé d'avoir trahi les citoyens ».

### *Élites honnies contre peuple vertueux*

Pour l'historien du droit Jacques de Saint Victor[2], en matière de rejet, le virage a été pris au moment de la crise des *subprimes*[3] en 2008 — et, à partir de 2016, « un senti-

1. Nathalie Alzas, « La guillotine au milieu du rond-point », 13 septembre 2019, https://revolution-francaise.net/2019/09/13/732-la-guillotine-au-milieu-du-rond-point.

2. Dans le magazine *Challenges*, 14 juillet 2019, https://www.challenges.fr/classement/classement-des-fortunes-de-france/les-elites-devraient-renouer-avec-le-projet-republicain_662487.

3. Les *subprimes* sont des prêts immobiliers à taux d'intérêt variable en fonction de la valeur du bien qu'ils ont permis d'acheter : plus celui-ci vaut cher, et plus les intérêts que paye l'emprunteur sont bas. Quand le bien perd de la valeur, le taux d'intérêt augmente. En 2007, la valeur des biens immo-

ment de s'être fait berner commence à se diffuser un peu partout » : l'élection de Trump aux États-Unis et la victoire du Brexit en Angleterre cette année-là ne doivent rien au hasard, pendant qu'en France François Hollande s'écroule. « Le peuple se rebelle parce qu'il n'a pas adhéré à la mondialisation pour que Mittal ferme ses usines en France. Pressentant le pire, une part croissante des classes populaires tourne sa haine progressivement vers les riches, vers les élites, vers tous ceux qu'elle accuse d'avoir trompé les électeurs », explique Saint Victor. Nous n'assistons toutefois pas à une réactivation nostalgique de la lutte des classes, mais plutôt à un retour de l'époque prémoderne, où la société se scindait entre la Place (*Piazza*) et le Palais (*Palazzo*). « On retrouve ce discours avec les Gilets jaunes, il y a "eux et nous" : les élites, les riches, et nous, le peuple vertueux, le peuple malheureux, le peuple honnête. C'est la logique fameuse du populisme qui est une régression prémoderne », analyse Jacques de Saint Victor.

Cette équation sans solution, qui pose d'un côté les privilégiés du pouvoir suspectés d'être corrompus et de l'autre les citoyens victimes de leurs abus, façonne « une société hystérisée, traversée par un sentiment d'injustice et de peur

---

biliers s'effondre aux États-Unis et des millions d'Américains ne peuvent plus rembourser leurs emprunts. Or les banques américaines et européennes possèdent un grand nombre de titres *subprimes*. Comme elles ne peuvent plus espérer toucher de versements de la part des emprunteurs, elles vendent leurs actions, ce qui fait chuter les cours des Bourses. La Réserve fédérale américaine (Fed) et la Banque centrale européenne (BCE) fournissent alors des milliards de dollars et d'euros pour sauver le système en train d'imploser. Cela n'empêchera pas la faillite de la grande banque d'affaires américaine Lehman Brothers, qui crée un séisme sur les marchés financiers. La crise touche alors tous les pays développés, dont l'économie subit aussitôt un fort ralentissement (*Universalis*, https://www.universalis.fr/encyclopedie/crise-des-subprimes-en-bref/).

du déclassement [...] durablement allergique à tout privilège[1] », estime la politiste Chloé Morin, qui souligne le « risque d'affaissement » pour notre démocratie que représente cette chasse aux nantis s'exerçant sous forme de « croisades » permanentes sur les réseaux sociaux. Le débat, jamais ouvert, est condamné d'office dans son principe, et c'est bien ce qui inquiète le plus, car que deviendra la fonction même du politique ? À terme, estime encore Chloé Morin, « les meilleurs » risquent d'être « effarouchés », et la politique n'intéressera alors plus que « les médiocres » — même si elle reconnaît par ailleurs que l'affaire Cahuzac[2] n'est pas pour rien dans ce désastre annoncé : « Les Français ont découvert alors que notre Eliot Ness national était, lui aussi, un fraudeur fiscal[3] », et beaucoup ne s'en sont pas remis.

1. « Devine qui vient dîner ? », *L'Express*, 15 avril 2021, https://www.pressreader.com/france/l-express-france/20210415/281479279237821.

2. Ministre délégué chargé du Budget et considéré comme le « pourfendeur de la fraude fiscale », Jérôme Cahuzac est accusé en 2012, par le site d'information *Mediapart*, d'avoir détenu jusqu'en 2010 un compte bancaire, non déclaré, à l'Union des banques suisses (UBS) de Genève avant de déplacer ses avoirs à Singapour. Le ministre nie formellement cet état de fait et affirme à l'Assemblée nationale n'avoir « jamais disposé d'un compte en Suisse ou ailleurs à l'étranger ». En avril 2013, il avoue avoir menti et demande publiquement pardon pour « une faute inqualifiable ». Il sera condamné en 2018 pour fraude fiscale et blanchiment de fraude fiscale à quatre ans de prison dont deux ferme, 300 000 euros d'amende et cinq ans d'inéligibilité. Il bénéficiera toutefois d'un aménagement de sa peine sous forme de bracelet électronique qui lui permettra d'échapper à la prison.

3. « Devine qui vient dîner ? », art. cité.

Ce qui fut nommé le « désastre Cahuzac » eut un retentissement colossal sur un plan politique et ses effets se font toujours sentir. Le mensonge du ministre « les yeux dans les yeux » pèsera longtemps encore sur l'ensemble de la vie publique comme une preuve du #touspourris régulièrement alimenté par les réseaux sociaux — alors que, sans chercher en aucune façon à l'excuser, une explication peut être avancée, car contrairement à ce qu'affirment les jugements radicaux postés sur la Toile, le monde n'est pas exclusivement composé de bonnes et de mauvaises personnes, l'humain renferme un chaotique réseau de ramifications pouvant conduire à des comportements atypiques.

Ainsi — mais qui cela a-t-il intéressé ? — le psychiatre Daniel Zagury[1], que je croise dans les prétoires, explique que Cahuzac a menti parce que « sa conscience morale estimait qu'il y avait prescription, qu'il avait largement lavé cette tache par son comportement politique. Il y avait l'imbécile qui faisait de l'argent, la réussite sociale du chirurgien, et puis il y avait celui qui s'était mis dans les pas de Michel Rocard, qui s'inscrivait dans l'image paternelle ». Le ministre avait donc mentalement renié sa première vie pour laquelle il éprouvait « un sentiment de honte réverbérée du dehors » — et, selon le psychiatre, c'est précisément là qu'a résidé la faille, « faute d'avoir résolu le conflit, de

1. *Le Monde*, 14 février 2018, https://www.lemonde.fr/politique/article/2018/02/14/jerome-cahuzac-et-la-trahison-de-la-promesse-de-l-aube_5257026_823448.html.

l'avoir laissé en jachère ». Notons que l'idée de demander cette expertise, qui vaut tout de même mieux qu'un lynchage au nom du Bien et du Mal, est venue d'Éric Dupond-Moretti, devenu depuis ministre de la Justice.

Mais elle n'influera en rien sur le climat de suspicion qui pèse désormais sur l'ensemble de la classe politique française. Toutes les mesures engagées par le président de la République François Hollande, comme la loi sur la transparence de la vie publique assortie de sa Haute Autorité[1], ou la création du Parquet national financier[2] (PNF) en décembre 2013, par une loi organique qui « trouve sa genèse dans un événement national, "l'affaire Cahuzac" », ne rétabliront pas la confiance entre le peuple et ses élus. 80 % des Français estiment en effet que ces mesures seront « inefficaces » pour « lutter contre les paradis fiscaux » et 67 % sont persuadés qu'elles ne permettront pas de « réduire la fraude fiscale ». Enfin, 66 % des sondés considèrent que toutes ces nouvelles dispositions ne pourront « empêcher des affaires comme l'affaire Cahuzac[3] ».

Quant aux politiques, certains d'entre eux dénoncent « un régime de Gestapo » ou une « inquisition » — Claude Bartolone, alors président PS de l'Assemblée nationale, parle d'une « démocratie paparazzi[4] ». Car députés et séna-

1. Il s'agit de la HATVP (Haute Autorité pour la transparence de la vie publique), https://www.hatvp.fr/.

2. Https://www.tribunal-de-paris.justice.fr/75/presentation-du-pnf.

3. Sondage BVA-iTélé, cité par *Le Monde*, 6 avril 2013, https://www.lemonde.fr/politique/article/2013/04/16/les-consequences-deleteres-de-l-affaire-cahuzac-sur-l-image-presidentielle_3160515_823448.html.

4. Public Sénat, 12 février 2018, https://www.publicsenat.fr/article/politique/comment-l-affaire-cahuzac-a-engendre-une-nouvelle-transparence-82726.

teurs doivent à présent, au moyen de la déclaration d'intérêts, tout dévoiler de leurs revenus et de leur patrimoine « pour vérifier en fin de mandat s'il n'y a pas d'enrichissement personnel ». Relevons que parmi les politiques qui « traîneront des pieds » pour accomplir cette démarche se trouvait, en 2014, un certain Édouard Philippe, qui « avait refusé de répondre sérieusement au formulaire, avant de s'y plier[1] ».

Pour compléter ces dispositifs, sera aussi inaugurée, toujours sous le quinquennat de François Hollande, une cellule de régularisation des évadés fiscaux, afin de « permettre aux contribuables qui ont caché leurs avoirs au fisc, en général en Suisse, de s'autodénoncer ». Ceux qui s'exécuteront tomberont certes sous le coup d'un redressement fiscal mais échapperont aux poursuites pénales. Cette cellule a été fermée en décembre 2017. Elle aurait permis la régularisation de plus de trois mille trois cents dossiers, dont un « avec 140 millions d'euros d'avoirs dissimulés[2] ».

Au nombre des belles prises du Parquet national financier, citons le sénateur Serge Dassault, reconnu coupable en 2017 d'une « fraude d'ampleur » avec une « claire intention de dissimuler des fonds familiaux », notamment sur des comptes à l'étranger, et surtout d'une « forme de duplicité » consistant à « piétiner toutes les lois qu'il a votées sur le thème de la fiscalité ». Il sera condamné à cinq ans d'inéligibilité et 2 millions d'euros d'amende[3], échappant

1. *Ibid.*

2. *Ibid.*

3. Serge Dassault ayant fait appel de ce jugement mais étant décédé l'année suivante, en 2018, avant que le procès en appel puisse avoir lieu, l'amende n'aura pas à être payée, et la condamnation, qui n'était pas définitive, ne sera pas inscrite à son casier judiciaire (Europe 1 et AFP, 29 mai

à une peine de prison en raison de son « grand âge », à savoir 91 ans au moment de la décision de justice.

*Pénélope ne tisse plus, Fillon rhabillé*

Mais surtout, l'on doit au Parquet national financier — dont les avocats qualifiés contestent à raison certaines méthodes — les mémorables poursuites contre François Fillon, et ce en pleine campagne présidentielle, pour des soupçons d'emploi fictif en faveur de son épouse Pénélope — d'où le nom de « Pénélope Gate » attribué à l'affaire.

En 2016, François Fillon s'est imposé, face à Alain Juppé, comme le candidat officiel de la droite et du centre à la future élection présidentielle de 2017. Or, au début de janvier 2017, *Le Canard enchaîné* révèle que Pénélope Fillon aurait touché, et ce pendant plusieurs années, pour 600 000 euros de salaires correspondant à un emploi fictif d'attachée parlementaire de son mari.

En février, le PNF ouvre une information judiciaire ; la mise en examen aura lieu dans la foulée — notons que Bruno Le Maire se désolidarisera du candidat, à l'instar de nombreux autres responsables politiques. Néanmoins, le comité politique du parti LR réaffirme à l'unanimité sa confiance à François Fillon. Mais voilà que, parallèlement au Pénélope Gate, le candidat à l'élection doit faire face à une autre polémique à propos de costumes achetés chez un tailleur et qui lui ont été offerts pour un montant de 48 500 euros (dont 35 500 réglés en liquide, incluant

---

2018, https://www.europe1.fr/societe/la-mort-de-serge-dassault-eteint-les-poursuites-judiciaires-contre-lui-3666182).

— souci du détail — 4 500 euros de chemises). Il s'agirait de cadeaux faits par Robert Bourgi, lequel a d'abord expliqué aux enquêteurs avoir offert un blazer et un pantalon gris (provenant de chez Arnys) à François Fillon en décembre 2014 pour « le consoler ». « Il m'a dit ne pas être bien car sa mère se mourait. [...] Noël approchant, je me suis dit que j'allais essayer de le consoler et j'ai pensé lui offrir un beau cadeau[1] », a-t-il déclaré. L'avocat a ensuite raconté s'être de nouveau montré généreux envers François Fillon après sa victoire à la primaire de la droite.

Or, les députés doivent déclarer au déontologue de l'Assemblée nationale tout don ou avantage d'une valeur supérieure à 150 euros dont ils ont bénéficié. Le Parquet national financier décide donc d'élargir son enquête et d'accorder un réquisitoire supplétif contre X, pour trafic d'influence, aux trois juges d'instruction chargés du Pénelope Gate.

François Fillon se dira alors « victime d'une chasse à l'homme[2] » : « Chaque jour on descend un peu plus bas dans l'intrusion de ma vie privée. [...] Pourquoi ? Qu'est-ce qui explique qu'il y ait des centaines, des dizaines en tout cas de journalistes qui fouillent dans les poubelles pour s'occuper de mes costumes, demain de mes chemises et pourquoi pas de mes caleçons ? [...] C'est ma vie privée, ça ne regarde personne ! [...] J'ai parfaitement le droit de me faire offrir un costume par un ami, ce n'est pas interdit. » Et il affirme que « tout ça n'a rien à voir avec la politique.

1. Europe 1, 16 septembre 2018, https://www.europe1.fr/politique/affaire-fillon-de-nouvelles-revelations-sur-les-costumes-offerts-par-robert-bourgi-3756452.

2. Public Sénat, 13 mars 2017, https://www.publicsenat.fr/article/politique/affaire-des-costumes-fillon-denonce-une-chasse-a-l-homme-56951.

[...] Le règlement de l'Assemblée concerne des cadeaux qui sont offerts à des députés dans l'exercice de leur mandat et de leurs fonctions. [...] On a quand même encore le droit de recevoir des cadeaux dans cette société ».

Signe de notre époque, il se trouve qu'avec le recul, plus que le Pénélope Gate, c'est en réalité cette affaire de costumes qui a constitué le coup de grâce pour le candidat Fillon — une opération rondement menée par Robert Bourgi, dont certains se sont demandé s'il avait agi en concertation ou non avec Nicolas Sarkozy. Le conseiller politique, qui est devenu avocat, n'hésite d'ailleurs pas à déclarer sur BFM TV, le 29 janvier 2018, lui avoir fait part de ses intentions : « Tu sais, Nicolas, il [François Fillon] ne sera jamais à l'Élysée. Parce que je vais le niquer[1]. » Et d'ajouter qu'il avait « ourdi le complot » et « décidé de le tuer pour diverses raisons » mais principalement parce que Fillon, qu'il a effectivement exécuté, lui avait paru manquer de loyauté vis-à-vis de son ami Sarkozy.

En juin 2020, François Fillon sera jugé coupable et condamné à cinq ans de prison dont deux ferme — peine ramenée en appel à quatre ans dont un ferme —, assortis de 375 000 euros d'amende et d'une peine d'inéligibilité de dix ans. Son épouse Pénélope sera condamnée à

1. *Marianne*, 29 janvier 2018, https://www.marianne.net/politique/robert-bourgi-l-homme-aux-costumes-j-ai-dit-sarkozy-que-j-allais-niquer-fillon. À noter que pour ces mots le conseil de discipline du barreau de Paris exclura Robert Bourgi pour un an, jugeant qu'il a donné de la profession d'avocat une image « violente, vulgaire et cynique ». Par ailleurs, il n'aura plus le droit d'orner ses costumes (*sic*) du ruban rouge de la Légion d'honneur qu'il a reçue en 2017, et ce pendant cinq ans (décret du président de la République pris en mars 2019) (*Le Parisien*, 11 mars 2019, https://www.leparisien.fr/politique/affaire-des-costumes-de-fillon-robert-bourgi-prive-de-sa-legion-d-honneur-pour-5-ans-11-03-2019-8029185.php).

trois ans de prison avec sursis — peine ramenée en appel à deux ans avec sursis —, 375 000 euros d'amende et deux ans d'inéligibilité. Le jugement définitif tombera à l'issue du pourvoi en cassation.

### *Moralisation ou enfumage ?*

Sans me prononcer sur l'aspect juridique de tel ou tel dossier, il me faut remarquer le durcissement très net des règles de transparence concernant l'emploi de personnes de la famille d'un député pour le poste d'assistant parlementaire. C'est une pratique qui a toujours existé sans que cela soulève pareille indignation, en tout cas jusqu'à laminer la carrière d'un homme politique en le condamnant à une peine de prison. J'en ai été témoin quand j'œuvrais durant mes études de droit comme assistant d'un député chevènementiste. Et le recrutement de personnes compétentes dans l'entourage se pratique dans de nombreuses sphères professionnelles sans que cela suscite de difficultés ou de critiques.

En juillet 2014, le quotidien *Libération* publie une enquête sur le sujet, intitulée : « Les maris, les femmes et leurs émoluments[1] » — puisque « près de 20 % des députés emploient un ou plusieurs de leurs proches ». Et dans la quasi-totalité des cas en les faisant vraiment travailler. Sont cités les noms de Nadia Copé (épouse de Jean-François Copé), psychologue pour enfants et rémunérée pendant des années en tant qu'assistante parlementaire, de Véro-

1. Https://www.liberation.fr/france/2014/07/23/les-maris-les-femmes-et-leurs-emoluments_1069200/.

nique Bartolone (épouse de Claude Bartolone), de Pauline Le Maire (épouse de Bruno Le Maire), artiste peintre… Ce qui est bien entendu caricatural.

En 2014, cinquante-trois députés employaient leur conjoint, et cinquante-trois autres leurs enfants ou leurs petits-enfants. S'il était souhaitable de tenter d'assainir certaines situations jetant le trouble parmi les électeurs, fallait-il en passer par un flicage tous azimuts au service d'une transparence aussitôt contournée ?

En effet, puisqu'il était interdit de rémunérer un membre de la famille comme assistant parlementaire, certains députés ont aussitôt embauché l'enfant d'un collègue, qui en a fait autant, et le tour était joué. Ainsi que le rappelle Marion Bet dans la revue *Esprit*[1], il ne faut jamais perdre de vue que « ces mesures ont été conçues par ceux dont il fallait précisément régler le comportement », ce qui rend la démarche pour le moins problématique : au bout du compte, les lois de moralisation « contiennent donc en elles-mêmes la possibilité de leur contournement ». Un constat qui ne fera qu'aggraver « l'impression d'enfumage » et la défiance qui en découle chez le citoyen déjà saturé de doutes : la transparence étant revendiquée par ceux-là mêmes qu'elle vise, « le crime et le châtiment logent à la même enseigne[2] ».

1. Marion Bet, « Faut-il désirer la transparence en politique ? », *Esprit*, mars 2018, https://esprit.presse.fr/actualites/marion-bet/faut-il-desirer-la-transparence-en-politique-41446.

2. *Ibid.*

Autre paradoxe, mais au fond qui n'en est pas un, soulevé par cette volonté de laver plus blanc élevée au rang de commandement : le dévoilement jusqu'à l'indécence des habitudes et des goûts les plus intimes des politiques. Étant donné qu'ils sont payés avec nos impôts, nous aimerions les voir « plutôt austères, corps et âme dévoués à la chose publique et capables de se contenter de peu », observe encore Marion Bet — et il n'est qu'à citer la fameuse affaire dite « des homards », qui prit en tenailles le ministre François de Rugy jusqu'à la démission, pour confirmer l'exactitude de ce point de vue.

En juillet 2019, François de Rugy a dû démissionner de son poste de ministre de la Transition écologique à cause de son train de vie jugé trop fastueux — homards et champagne aux frais de l'Assemblée nationale — et révélé par le site d'information en ligne *Mediapart*. Il est question selon lui d'une « dizaine de dîners organisés en 2017 et 2018 » et « liés à l'exercice de sa fonction auprès de la société civile ». Mais voilà : « Sur la table des salons de l'hôtel de Lassay, résidence de la présidence, ont été servis des homards géants, du champagne et des vins de la cave de l'Assemblée — du Château Cheval Blanc 2001 estimé à 550 euros la bouteille ou du Château d'Yquem 1999, estimé à 265 euros », rapporte *Le Monde*. Et parmi les invités, il y a des membres de sa famille, des amis de sa femme qui est alors journaliste à *Gala*, et aussi l'éditorialiste Jean-Michel Aphatie, qui livre ce commentaire : « J'ai hésité à y aller parce que si le déjeuner est un espace de travail, le dîner est un espace ambigu. [...] J'ai vite compris que cela n'avait pas beaucoup de sens d'être là pour moi. Ce n'est pas un dîner de travail. Et si c'était à refaire, non, je ne le referais pas. » Avec la crise des Gilets jaunes qui n'est pas éteinte, la polémique prend une ampleur phénoménale. François de Rugy est poussé à la démission. « C'est scandaleux cette histoire. C'est précisément ce que nous ont reproché les Gilets jaunes ! Cela risque d'accréditer l'idée que les ministres sont pleins aux as et se gavent en profitant de l'argent public. Symboliquement, c'est très lourd », juge un cadre de La République en marche[1].

À noter qu'en 2022 François de Rugy annoncera son retrait de la vie politique et ne sera pas candidat à sa réélection aux législatives de juin. Il dissocie son choix de l'affaire des homards (même si le *hashtag* #HomardMaTuer porta bien son nom sur les réseaux), mais fait tout de même cette mise au point : « À force de s'en prendre aux élus, de les attaquer dès qu'ils sont désignés par le vote, on perd de vue leur utilité essentielle et le sens de la démocratie représentative. On démolit, on salit, on disqualifie plutôt que de contre-argumenter. Ce climat favorise, au pouvoir, la communication plutôt que l'action, la démagogie plutôt que le traitement de fond[2]. »

Cette vision fantasmée ne présenterait aucune gravité si la publication à outrance de la vie de nos dirigeants n'avait pas pris autant d'ampleur, notamment — encore et toujours — par le biais des réseaux sociaux. « On croit assainir les choses en généralisant l'exposition de l'intime

1. *Le Monde*, 10 juillet 2019, https://www.lemonde.fr/politique/article/2019/07/10/champagne-homard-les-luxueux-diners-de-francois-de-rugy-aux-frais-de-l-assemblee-nationale_5487614_823448.html.

2. *Les Échos*, 25 mars 2022, https://www.lesechos.fr/politique-societe/politique/lancien-ministre-francois-de-rugy-se-retire-de-la-vie-politique-1396219.

et du privé et en dévoilant le quotidien des représentants publics. Mais c'est peut-être là confondre la probité et la transparence, puis la transparence et la publicité. Une telle exposition se révèle même une pratique dangereuse, parce qu'elle soumet les hommes politiques à la vindicte populaire[1] », analyse Marion Bet.

Un faux pas, et c'est un flot de haine qui déferle sur la Toile, ôtant toute crédibilité au politique qui rejoint le *hashtag* déjà bien fourni du #touspourris, et, alors que la volonté de transparence était censée enrayer le « désenchantement des masses », elle l'accroît au contraire, confirmant certains électeurs dans leur conviction que les élites vivent dans un monde de privilèges qu'eux n'approcheront jamais. La surexposition médiatique, au lieu de rétablir quelque confiance, ne fait qu'alimenter le ressentiment et le mépris à l'égard d'une classe honnie. « Le prestige requis par la fonction publique s'accommode mal des révélations du privé », note encore Marion Bet, qui cite la formule gaullienne : « Le prestige ne peut aller sans mystère car on révère peu ce que l'on connaît trop bien[2]. »

### *Sagas politico-financières au long cours*

Est-ce à dire, et quel que soit le bout de la lorgnette par lequel le citoyen regarde ses gouvernants, que « la politique est l'art d'empêcher les gens de se mêler de ce qui les regarde[3] » ?... Bien sûr, des affaires politico-financières

1. « Faut-il désirer la transparence en politique ? », art. cité.
2. *Ibid.*
3. Paul Valéry, cité par Marion Bet, *ibid.* Comme source de cette citation,

retentissantes, s'étalant sur un quart de siècle comme celles ayant impliqué Bernard Tapie — qui malgré la sympathie qu'il inspirait n'en a pas moins été soupçonné d'avoir, sous forme de « magouille », bénéficié d'un « renvoi d'ascenseur de la part de Nicolas Sarkozy[1] » en remerciement de son soutien à la présidentielle de 2007 —, ou encore « la saga Balkany[2] » qui a précédé la chute de la « maison » du même nom, ont marqué toute une génération d'électeurs.

L'affaire qui a opposé Bernard Tapie au Crédit lyonnais a débuté en 1998. Pour aller vite, car le dossier est d'une complexité extrême, le contentieux trouve son origine dans la revente du groupe Adidas, en 1994, qui a généré une importante plus-value dont Bernard Tapie dit n'avoir rien touché. En 2008, un tribunal arbitral accorde

---

elle indique : *Rhumbs*, dans *Œuvres*, édition établie par Jean Hytier, t. II, Gallimard, coll. « Bibliothèque de la Pléiade », 1960.

1. *Ouest-France*, 3 décembre 2015, https://www.ouest-france.fr/politique/bernard-tapie/affaire-tapie-credit-lyonnais-vingt-ans-de-carabistouille-3887995.

2. Patrick Balkany, ancien maire de Levallois-Perret et surnommé « le Baron des Hauts-de-Seine », et son épouse et ex-première adjointe Isabelle ont été reconnus coupables de ne pas avoir payé d'impôt sur la fortune entre 2010 et 2015 et d'avoir largement sous-évalué le montant de leur impôt sur le revenu entre 2009 et 2014, pour un total estimé de 4 millions d'euros de sommes éludées. Ils ont été condamnés en appel à trois ans de prison ferme pour fraude fiscale en mars 2020, puis à cinq et quatre ans de détention pour blanchiment de fraude fiscale. Le couple était assigné à résidence, avec placement sous bracelet électronique, dans son manoir de Giverny. Mais, à la suite de très nombreux manquements, le tribunal d'application des peines a révoqué cet aménagement de peine : les Balkany devront donc aller en prison. À l'annonce du verdict en février 2022, Isabelle Balkany fait une tentative de suicide. Elle regagnera son domicile en juin 2022 sans passer par la case prison, car elle souffre d'un cancer du poumon et devra subir des traitements lourds dans les mois à venir. La « saga » Balkany a eu un tel écho auprès du public qu'un documentaire retraçant les trente années de « vie politique, d'affaires judiciaires et de frasques médiatiques » a été diffusé sur France 5 en juin 2021.

à Tapie 243 millions d'euros de dommages, 115 millions d'euros d'intérêts et 45 millions d'euros au titre du préjudice moral. S'ensuit une polémique concernant Christine Lagarde, ministre de l'Économie de 2007 à 2011, soupçonnée d'avoir validé un peu trop légèrement cet arbitrage privé. Elle sera condamnée en 2016 par la Cour de justice de la République pour « négligence » mais dispensée de peine eu égard à sa réputation et aux responsabilités auxquelles elle devait faire face en ce temps de « crise financière internationale ». L'arbitrage représente 403 millions d'euros. Bernard Tapie sera d'abord relaxé, puis accusé de « détournement de fonds publics et de complicité d'escroquerie par instruction ». Une peine de cinq ans d'emprisonnement, assortie d'un sursis probatoire avec obligation d'indemniser les parties civiles, 300 000 euros d'amende, ainsi que la confiscation de l'ensemble des biens meubles et immeubles déjà saisis, sont requis — mais Bernard Tapie décède en octobre 2021, quelques jours avant que la cour d'appel rende sa décision, ce qui entraîne la fin des poursuites à son encontre. Celles visant les autres personnes impliquées dans cette affaire continuent. Stéphane Richard, alors PDG d'Orange, et qui fut directeur de cabinet de la ministre de l'Économie Christine Lagarde, est reconnu coupable, en 2021, de complicité de détournement de biens publics : il est condamné à un an de prison avec sursis et 50 000 euros d'amende, et devra aussitôt donner sa démission. D'autres protagonistes, tels l'ancien magistrat Pierre Estoup et l'avocat Maurice Lantourne, ont eux été condamnés pour escroquerie à trois ans d'emprisonnement ferme et 300 000 euros d'amende pour le premier (mais Pierre Estoup, âgé de 92 ans, ne sera pas extrait de son Ehpad pour être conduit derrière les barreaux) et à trois ans de prison dont un ferme (sous bracelet) et 300 000 euros d'amende pour le second, assortis d'une interdiction d'exercice pendant cinq ans, ce qui équivaut, pour Lantourne, à lui retirer sa robe : « Il ne pouvait pas ignorer que les actes étaient frauduleux », ont considéré les juges d'appel. En outre, eux et les sociétés venant aux droits de Bernard Tapie ont aussi été condamnés à payer environ 400 millions d'euros en dommages et intérêts aux entités chargées de gérer le passif de l'ancienne banque publique, au titre du préjudice matériel, ainsi que 45 000 euros au titre du préjudice moral. Enfin, Jean-François Rocchi, ancien président d'une entité chargée de gérer l'héritage du Crédit lyonnais, a été condamné pour complicité de détournement de fonds publics à deux ans de prison avec sursis et 25 000 euros d'amende. Un autre fonctionnaire, Bernard Scemama, a pour sa part été relaxé.

« Jusqu'à la fin des années 1970, une majorité de Français estimait que les hommes et les femmes politiques du pays étaient plutôt honnêtes, non corrompus », nous explique Brice Teinturier, directeur général délégué d'Ipsos, qui date l'inversion de cette perception vers les années 1990, au moment des révélations sur le financement des partis politiques (fausses factures, commissions occultes, etc.) — « après le gaullisme au pouvoir, dont le financement avait fait l'objet de suspicions et d'affaires troubles, la gauche était donc touchée[1] », constate l'analyste politique.

Le chercheur Yves Mény, dans un article publié en 1993[2], rappelle par ailleurs que la France a longtemps été « dans

1. Brice Teinturier, « Perception de la politique et vote : ce qui a changé », Vie publique, Parole d'expert, 21 mars 2022, https://www.vie-publique.fr/parole-dexpert/268517-perception-de-la-politique-et-vote-ce-qui-change.

2. Yves Mény, « L'argent et la politique », *Pouvoirs*, *op. cit.*

une situation ambiguë » pour ce qui concerne les rapports entre politique et argent, d'une part cultivant à l'égard de ce dernier « une méfiance ancestrale sans doute liée à l'héritage catholique, méfiance qui se manifeste par le silence, le secret, l'opacité pour tout ce qui touche à l'argent », et d'autre part persistant à entretenir le mythe de l'argent roi. Ce qui ne pouvait déboucher que sur une espèce de « flou » dans lequel les politiques sont demeurés longtemps, contournant ou ignorant les rapports « concrets » qu'entretiennent argent et politique, et se comportant « comme si ces deux sphères étaient et devaient être séparées » : la politique incarnait « le monde de l'idéal » et l'argent « la putain commune à toute l'humanité[1] ».

*Urba ou le désamour des électeurs*

Selon Yves Mény, cette ambivalence a connu son apogée peu avant et dans le courant des années 1990, avec un François Mitterrand qui « dénonce le pouvoir et la mainmise de l'argent » mais « ignore » la façon plus ou moins glauque dont est géré le financement de sa campagne électorale : « Jusqu'en 1988, les ressources des partis sont officiellement des ressources "militantes" et, en 1992 encore, les hommes politiques ressentent comme un viol de leur vie privée l'éventuelle publication de leur fortune ou de leurs revenus[2]. »

Et c'est justement là qu'éclate l'affaire Urba[3], qui entraî-

1. Phrase de Shakespeare mentionnée par Yves Mény, *ibid.*
2. *Ibid.*
3. Le système mis en place par la société Urba, en vue de récolter de

nera la condamnation, en 1996, d'Henri Emmanuelli, ancien premier secrétaire du PS, à dix-huit mois de prison avec sursis, assortis de 30 000 francs d'amende et de deux ans de privation de droits civiques — il sera déchu de son mandat de député. Selon Brice Teinturier, à compter de ce scandale, l'image renvoyée par les politiques commencera à souffrir de désamour — jusqu'au rejet actuel, et malgré les lois qui seront votées sur le financement et le contrôle des partis politiques. Car, avant 1988, ce financement ne dépendait d'aucune législation — même si les « dons » provenant des entreprises étaient proscrits, considérés comme des « abus de biens sociaux ».

L'État ne contribuant à cette époque en rien à l'alimentation de leurs caisses, les partis devaient, du moins en théorie, compter sur les seules cotisations des militants pour exister. L'affaire Urba a donc pour conséquence l'adoption, en 1988, sur proposition de Jacques Chirac, Premier ministre de François Mitterrand, de la loi relative à la transparence financière de la vie politique. Elle pose le principe d'un financement public proportionnel au nombre de parlementaires des formations politiques au Sénat et à l'Assemblée nationale, ainsi que d'une prise en charge, en période d'élection, des frais de campagne officielle et d'un remboursement forfaitaire des dépenses des candidats. Au départ, ces derniers peuvent en plus recevoir des dons dans le respect du plafonnement prévu et en déposant leurs comptes de campagne — mais la loi de 1995 apportera des restrictions : les entreprises, associations et

---

l'argent pour le financement des campagnes du Parti socialiste, consistait à facturer des prestations inexistantes à des clients qui, en guise de réciprocité, récupéraient des marchés communaux. Cette fraude juteuse a alimenté les caisses du PS entre 1973 et 1990.

collectivités locales ne pourront plus accorder leur soutien financier aux partis et aux candidats.

En contrepartie, le remboursement des dépenses de campagne par l'État sera augmenté. En juin 2000, la loi sur la parité hommes-femmes[1] viendra compléter l'ensemble du dispositif, et à partir de 2003 les partis devront désormais remporter 1 % des suffrages exprimés[2] dans au moins cinquante circonscriptions aux élections législatives pour obtenir de l'argent public.

### *Dans Bygmalion il y a bling-bling*

Malgré cet arsenal de mesures bien concrètes, la défiance que nourrissent les citoyens envers leurs représentants politiques ne fera que croître et embellir, ce d'autant plus que les irrégularités de grande ampleur subsisteront.

Lors de l'élection présidentielle de 2012, Nicolas Sarkozy sera par exemple épinglé par la Commission nationale des comptes de campagne et des financements politiques (CNCCFP) pour dépassement du plafond de dépenses légal[3]. Et surtout éclatera l'énorme affaire Bygmalion,

1. Les formations politiques qui ne présenteront pas autant de femmes que d'hommes aux élections verront leur financement de campagne pénalisé.

2. Auparavant, ils devaient seulement présenter au moins cinquante candidats dans plus de trente départements de métropole.

3. Nicolas Sarkozy a déclaré pour 21 339 664 euros de dépenses ; la commission comptabilise 22 509 000 euros, jugeant notamment que les dépenses liées à certains déplacements présidentiels doivent être imputées au candidat. « Le rejet privait l'UMP, qui avait avancé les fonds, de la subvention de quelque 11 millions d'euros de l'État au titre du remboursement des frais de campagne à hauteur de 47,5 % des frais engagés, soit 10 691 775 euros en vertu de la loi organique de février 2012 », commente *Le Figaro*, qui

pour laquelle l'ancien président de la République a été condamné en 2021 à un an de prison ferme pour financement illégal de sa campagne présidentielle. Il s'agit d'un système de fausses factures mettant en cause l'agence de communication Bygmalion et sa filiale Event & Cie, ainsi que des membres de l'UMP (aujourd'hui Les Républicains). Afin que les frais de campagne pour l'élection présidentielle de 2012 n'excèdent pas le plafond fixé par la loi, une partie des dépenses étaient facturées par Bygmalion à l'UMP au prétexte d'autres événements plus ou moins réels, comme des conventions thématiques. En dehors de la condamnation de Nicolas Sarkozy, des peines allant de deux ans à trois ans et demi de prison, dont une partie avec sursis, ont été prononcées contre ses treize coprévenus, dont la plupart ont fait appel de leur jugement. Il a lui aussi fait appel de cette condamnation, qui n'en demeure pas moins frappante — une manne pour les « populistes de tous poils » et « pour ceux qui voulaient crier "tous pourris[1] !" ».

Celui qui a très tôt été surnommé le « président bling-bling » assume et affiche sans complexe son goût pour l'argent — et comme le lecteur l'a compris c'est une forme

rappelle les chiffres officiels d'attribution : pour l'élection présidentielle de 2012, le plafond maximal des dépenses autorisées au premier tour était de 16 851 000 euros, et de 22 510 000 euros au second tour (*Le Figaro* avec Reuters, 4 juillet 2013, https://www.lefigaro.fr/flash-actu/2013/07/04/97001-20130704FILWWW00431-le-conseil-constitutionnel-rejette-le-compte-de-campagne-presidentielle-2012-de-sarkozy.php). Pour sauver le parti de la catastrophe, l'UMP lance alors une souscription nationale, appelée le « Sarkothon », qui réunira en moins de deux mois les 11 millions nécessaires.

1. Éric Dussart, dans *La Voix du Nord*, cité par le magazine *Challenges* : https://www.challenges.fr/politique/cahuzac-bygmalion-les-affaires-vont-eclabousser-la-campagne-selon-la-presse_423809.

de blasphème laïque en France. Dès le soir de son élection, en 2007, il choque une grande partie des Français en fêtant sa victoire au Fouquet's sur les Champs-Élysées, et le luxe ostentatoire de ses vacances sur le yacht de l'homme d'affaires milliardaire Vincent Bolloré fait couler beaucoup d'encre. Sans parler de ses montres Breitling ou Rolex qui ont même motivé le soutien actif du publicitaire Jacques Séguéla, dont la réplique reste célèbre plus de dix ans après avoir été prononcée et circule toujours sur les réseaux sociaux, détournée à qui mieux mieux dès qu'il s'agit de dénoncer les privilèges d'une certaine catégorie de politiques jugés vénaux : « Nicolas Sarkozy aime les Rolex, et alors ? Tout le monde a une Rolex. Si à 50 ans on n'a pas une Rolex, c'est qu'on a quand même raté sa vie. »

Jacques Séguéla, ancien mitterrandien qui fut à l'origine du fameux slogan « La force tranquille », prendra d'ailleurs aussi la défense de Julien Dray, alors député PS et fondateur de SOS Racisme, et que j'ai défendu, également attaqué dans une histoire de montre qui lui vaudra toutes sortes d'ennuis et nombre de calomnies pour une enquête classée sans suite.

### *La collectionnite conduit au bûcher*

« Le Net est la plus grande saloperie qu'aient jamais inventée les hommes ! » s'exclamera Jacques Séguéla sur France 2[1].

1. Citation reprise sur Europe 1 le 19 octobre 2009, https://www.europe1.fr/emissions/C-est-pas-tres-net-Guy-Birenbaum/Le-net-la-pire-des-saloperies-113414.

En quelques secondes, le Net peut détruire une réputation !

Et, en effet, Julien Dray a subi « un lynchage moderne[1] » au mépris de toute présomption d'innocence, sans doute parce qu'un élu de gauche n'est pas censé collectionner des montres hors de prix — l'acte même est perçu comme une indécence qui lui vaudra d'être soupçonné d'avoir « financé illégalement un train de vie fastueux, peu en phase avec son indemnité de parlementaire[2] »[3]. D'ailleurs n'est-il pas « le fils d'un modeste instituteur »... Un sous-entendu simpliste qui met une fois encore en évidence la relation de plus en plus toxique entre goûts privés et incar-

1. « Julien Dray, un lynchage moderne » : article publié par Simon Tardieu (auteur du blog « Secrets d'État ») dans *Slate*, le 4 décembre 2009. Il y précise les conclusions du procureur de Paris, Jean-Claude Marin, à savoir que l'enquête n'a aucunement révélé « un train de vie personnel dispendieux de la part de Julien Dray » et que « le délit de blanchiment du délit d'abus de confiance » n'est donc pas « suffisamment établi à l'encontre de Julien Dray pour permettre le renvoi de celui-ci devant le tribunal correctionnel ». Mais, comme l'écrit Tardieu, l'élu était « coupable avant d'être jugé (ou même mis en examen) » et a été « mené par ses anciens amis vers le billot au nom du réalisme politique » ainsi que d'une opinion publique ayant « décrété qu'il était coupable ». Quid de la présomption d'innocence ? Bafouée sur toute la ligne. « Innocent ? Non ! Car la machine médiatique l'a d'ores et déjà condamné et a mis en lambeaux depuis plusieurs mois sa réputation. [...] Cette affaire n'est pas le premier exemple, ni le dernier hélas, de lynchage en règle d'une personnalité. On ne compte plus les mises en examen annoncées à grand renfort de gros titres et avec des envoyés spéciaux dépêchés devant le perron de nos tribunaux. Mais combien de caméras, une fois le tumulte passé, pour témoigner d'une relaxe ou d'un acquittement ? La presse est une bête bien partiale [...] les médias ont leur tempo. Ils broient ce qu'il y a à broyer le temps de distraire l'opinion et ils passent à autre chose, ne faisant plus aucun cas de ce qu'ils ont piétiné la veille » (http://www.slate.fr/story/13939/dray-justice-medias-lynchage-innocence-presomption).

2. *L'Express*, 23 décembre 2008, https://www.lexpress.fr/actualite/politique/dray-ca-se-complique_727881.html.

3. Je le sais d'autant plus que j'ai été un de ses avocats.

nation publique. Pour caricaturer : dis-moi quelle montre tu portes, je te dirai ce que politiquement tu vaux !

En France et au début du XXIe siècle, le couple argent-politique est donc souvent regardé comme hérétique, une union contre nature menant à la trahison des grands idéaux que doivent défendre et incarner celles et ceux que les électeurs portent au pouvoir.

Mais alors que dans l'Hexagone Emmanuel Macron et Nicolas Sarkozy, qui ont en commun le fait d'avoir tous deux été affublés de l'intitulé « président des riches », sont considérés l'un comme l'autre comme des « bouffons[1] » de la politique, ailleurs dans le monde la façon de les appréhender ne s'appuie pas sur les mêmes critères.

## *Nul n'est prophète en son pays*

En France, Nicolas Sarkozy, alors en exercice, a, un temps, déçu en tant qu'homme : « Un président français doit être grand, digne, réfléchi, raffiné, distingué[2] », et il n'est rien de tout cela — objet de moqueries constantes, entre autres parce qu'il porte des talonnettes pour être à la hauteur de sa nouvelle épouse Carla Bruni, malgré tout jugée « plus glamour et plus rive gauche » que les « vieilles gloires tartignolles du music-hall [*sic*] exhibées à la Concorde[3] » lors de son élection.

1. Deux exemples parmi tant d'autres : https://reporterre.net/Macron-le-bouffon-de-l-ecologie ; https://fdgpierrebe.over-blog.com/2015/05/sarkozy-est-un-bouffon.html.

2. « Nicolas Sarkozy, au-delà du bling-bling, vu par "The Guardian" », *Le Monde,* 25 janvier 2012, https://www.lemonde.fr/europe/article/2012/01/25/nicolas-sarkozy-au-dela-du-bling-bling_1634163_3214.html.

3. *20 minutes,* 16 décembre 2007, https://www.20minutes.fr/people/201478-20071216-nicolas-sarkozy-carla-bruni-affichent-a-disneyland.

Alors qu'à l'étranger les diplomates le perçoivent comme un dirigeant efficace chargé notamment de l'intérêt national de la France. L'appréciation hors de nos frontières se fonde de toute évidence sur des critères autres que ceux liés aux goûts privés de tel ou tel responsable politique, et peut-être cela explique-t-il en partie le succès que rencontrent les ouvrages publiés par l'ancien président de la République, car, comme le remarque *Le Monde* : « Nicolas Sarkozy, le politicien le plus ambigu qui soit, n'est sans doute pas Talleyrand. Mais il vaut peut-être mieux que le jugement qu'en ont les Français[1] » — du moins ceux qui ne comptent pas parmi ses électeurs.

Le dicton « Nul n'est prophète en son pays » joue également pour Emmanuel Macron, dont le « volontarisme » est salué à l'étranger, de même que sa façon de « prendre des risques, y compris lorsque cela lui vaut d'être giflé par un concitoyen ». Sont loués « sa connaissance des dossiers, sa stature, sa réactivité et surtout son engagement européen sans faille face aux assauts des populistes et des nationalismes[2] » — alors qu'en France un procès constant en illégitimité[3] lui est fait, même s'il est sorti vainqueur de la présidentielle de 2022.

C'est sa personne, et non sa compétence, qui est sans

1. « Nicolas Sarkozy, au-delà du bling-bling, vu par "The Guardian" », art. cité.

2. « Emmanuel Macron, salué hors de France », *Le Temps*, 21 mars 2022, https://www.letemps.ch/opinions/emmanuel-macron-salue-france.

3. En tenant compte de l'abstention massive, Emmanuel Macron a réuni 38 % des suffrages des électeurs inscrits, à savoir le plus bas niveau depuis Pompidou en 1969. Et parmi ces 38 % une majorité déclare avoir voté « contre » Marine Le Pen (France Inter, 27 avril 2022, https://www.radiofrance.fr/franceinter/podcasts/en-toute-subjectivite/en-toute-subjectivite-du-mercredi-27-avril-2022-5301168).

cesse attaquée avec violence : les noms d'oiseau dont il est taxé ne manquent pas, et vont (en restant poli) de « super menteur » à « dictateur », en passant par « grand escroc », « autocrate », « tartuffe », etc. « Ces expressions d'exaspération indiquent une discordance charnelle inédite, décrypte *La Tribune.* Le président suscite une aversion profonde qui semble faire référence, sur le plan émotionnel, à sa façon de sourire, d'interpeller, de gesticuler, de charmer, de sermonner, de promettre, de se mettre en colère... Sa corporalité et sa façon d'être dérangent, y compris dans ses rangs. [...] Le président est perçu comme insensible, hors sol et sans boussole. En s'additionnant, ces trois registres de critiques à l'encontre du corps mortel du roi brouillent la promesse divine du consentement au souverain[1]. »

Si croyance en une « promesse divine » il y a eu — car il est vrai qu'Emmanuel Macron a souvent été surnommé « Jupiter », dieu des dieux et symbole de la puissance tyrannique —, elle s'est à présent disloquée, notamment au moment de la crise déjà évoquée et non résolue des Gilets jaunes. En 2020, le président de la République est pris à partie en pleine rue, alors qu'il se promène aux Tuileries avec son épouse. Le débat est musclé ; Emmanuel Macron juge qu'il est déplacé de l'interpeller de la sorte — ce à quoi un Gilet jaune lui répond : « Vous êtes mon employé, monsieur le président[2] ! »

Est-ce qu'il serait seulement venu à l'idée de qui que ce

1. *La Tribune,* 19 mars 2022, https://www.latribune.fr/opinions/tribunes/presidentielle-pourquoi-certains-adorent-detester-emmanuel-macron-905914.html.

2. *Le Point,* 14 juillet 2020, https://www.lepoint.fr/societe/vous-etes-mon-employe-emmanuel-macron-pris-a-parti-par-des-manifestants-14-07-2020-2384348_23.php.

soit, du temps des de Gaulle ou des Mitterrand, de traiter le président de la République comme « l'employé » de chaque électeur, sachant que le salaire du chef de l'État est à ce jour de 8 500 euros net mensuels[1] ? Ses responsabilités et les fonctions qu'il exerce doivent-elles être évaluées en termes d'équivalence en euros — puisqu'il est bien question d'une rémunération salariale — et de soumission à une hiérarchie incarnée par chaque citoyen, qui de fait le surplombe, ou bien le président doit-il au contraire se situer « au-dessus de la mêlée » et être avant tout au service de la France ?

« Ce n'est pas parce qu'on paye des impôts que la démocratie et le gouvernement sont des produits que l'on consomme, s'insurge une élue avec justesse. Ça en dit long sur l'état d'esprit de certains de nos concitoyens qui pensent qu'ils sont des consommateurs[2]. » Le mot, et ce sera celui de la fin, est sans doute lâché. Car à force de « consommer » ce qui finalement n'est pas si cher payé, un jour il ne restera plus que du vent, et plus personne pour le brasser.

1. « Une fois tous les prélèvements déduits, l'impôt à la source retenu, je touche 8 500 euros net par mois », a déclaré Emmanuel Macron (ce qui donne un salaire brut de 15 203 euros). La rémunération des députés s'élève quant à elle à 5 679,71 euros net — soit 7 239,91 euros brut (France Info, 15 mars 2022, https://la1ere.francetvinfo.fr/mayotte/presidentielle-2022-combien-gagne-le-president-de-la-republique-1255989.html).

2. *HuffPost*, 15 juillet 2020, https://www.huffingtonpost.fr/entry/emmanuel-macron-un-employe-ces-deputes-sont-partages_fr_5f0eff9fc5b648c301f226ae.

# CONCLUSION

Au terme de cette recension en forme de plaidoyer pour le politique (et la politique), le lecteur peut interpréter le propos comme une charge contre le populisme, qui porte l'apparent noble nom de transparence…

Il faut rappeler qu'il existe surtout des élus, voire des partis, porteurs de valeurs courageuses et progressistes, subissant parfois en leur camp des représailles et des rebuffades qui se transforment souvent en sanctions. Il reste des esprits valeureux, qui tentent d'endiguer le courant dominant visant à tout décrier et suspecter.

Que la clarté soit exigée pour que chacun puisse observer et appréhender le fonctionnement de l'État, et que soit exemplaire la probité de ses représentants qui sont chargés de la gestion de l'argent des contribuables, tombe évidemment sous le sens. Tout ce qui mettra en lumière la manière dont les budgets nationaux sont gérés, afin d'éviter les passe-droits et autres favoritismes d'une autre époque, contribuera à la concrétisation, *in real life,* de notre devise dans le domaine de la fraternité.

Tous égaux, tous responsables, nous avons le droit de comprendre ce que deviennent nos impôts, de quelle façon ils sont affectés, et de vérifier pratiquement parlant, avec l'incrédulité d'un saint Thomas, dans quoi ils ont été investis. Par ailleurs, il est également entendu que nous sommes sans conteste légitimes à refuser que nos représentants politiques soient des incarnations de la débauche et de la dépravation. Notre droit de vote, nous l'exerçons pour nommer femmes et hommes qui seront nos yeux et nos oreilles tout en transfigurant notre honneur de citoyen, qui connaîtront nos besoins et défendront honnêtement nos intérêts dans et hors des frontières de l'Hexagone.

Cela étant posé, faut-il pour autant se transformer en statue du Commandeur ou en harpagon qui contrôle chaque pièce de monnaie dans leur poche, scrute leurs relevés bancaires, s'octroie le droit de décider le prix maximal acceptable pour les vêtements qu'ils portent, examine leurs notes de restaurant à la loupe, s'offusque de leur trop belle voiture, des vacances qu'ils s'offrent à l'autre bout du monde — en établissant systématiquement une comparaison avec les revenus d'un smicard ?

Leur vie et la nôtre sont-elles comparables, et selon quelle échelle de valeurs ? Devons-nous, au nom du mot « égalité » si cher à notre République, avoir les mêmes ambitions, les mêmes responsabilités, les mêmes obligations de résultat ?

En sortant certains avantages de leur contexte, en lançant sur les réseaux sociaux des informations la plupart du temps tronquées et destinées à choquer, nous mettons en place un nivellement social qui, sous des dehors démocratiques, risque de conduire à une asphyxie au ras du sol. Car la vie politique, pour exister sainement, a besoin d'oxygène. Elle doit pétiller si elle prétend justement aérer les différentes couches d'une société sans cesse menacée d'étouffement par ses propres travers, dont le plus dangereux se fonde et se complaît dans la haine née du ressentiment et de l'envie — deux ingrédients de la dictature populiste si prompte à condamner sans autre forme de procès.

INTRODUCTION : *Les nouveaux fléaux* 11

I. POLITIQUE ET MORALE :
COUPLE FUSIONNEL OU INCESTUEUX ? 17

Le sommeil de Gilbert Collard 18
Liliane Bettencourt et les micros 23
Des juges en recul 26
Pierre Joxe innocent mais perdant 28
Paul Ricœur et la *political correctness* 31
Politique et médecine de la vertu 32
Vers une « délégitimation du mode représentatif » 34
Citoyenneté et « faute morale » 36
La résurgence d'un vieux débat 40
Éthique, humanisme, conscience universelle 42
La corruption, maladie génétique du politique ? 45
Le PCF d'antan et le droit des femmes à disposer de leur propre corps 49
Le poison des *fake news* 54
Comment sanctionner les *fake news* ? 60

La France et ses ennemis russes 68
Ne pas vouloir lutter contre la haine 75
Désenchantement, défiance, incivisme 81
Politique du *Shame on you* 84

II. SEXE ET POLITIQUE : COUPLE NUPTIAL OU ILLÉGITIME ? 89
Une libido exacerbée par le pouvoir ? 90
L'exemplarité de l'intime, nouveau label politique 92
« Il s'est voulu César, il est mort Pompée ! » 95
Quand « débats parlementaires » rimait avec « ébats » 97
Gloire au « drapeau levé » pour la République ! 100
La morale à l'aise… dans son corset 102
Ma vie privée ! 104
La plus vieille attaque politique 108
Le *coming out* : opération à risque 110
Politique et activisme « LGBTQIA+ » ! 113
Le supposé lobby gay 116
Lesbianité sinon rien 119
La modernité sacrilège des Pompidou 125
Une histoire faite pour tuer Baudis 128
Presse et politiques : des liaisons parfois dangereuses 132
Un Casanova nommé Mitterrand 136
« DSK » en bombe sexopolitique 142
Naissance du nouvel ordre moral 152
Epstein : le « scandale du siècle » 160
Électeur américain, électeur français : même combat ? 164

III. POLITIQUE ET ARGENT :
COUPLE NÉCESSAIRE OU TOXIQUE ? 171

France, pays des richophobes 171
Élites honnies contre peuple vertueux 175
Sous le diktat de la transparence 178
Pénélope ne tisse plus, Fillon rhabillé 181
Moralisation ou enfumage ? 184
Homard l'a tué 186
Sagas politico-financières au long cours 188
Urba ou le désamour des électeurs 192
Dans Bygmalion il y a bling-bling 194
La collectionnite conduit au bûcher 196
Nul n'est prophète en son pays 198

CONCLUSION 203

L'ÉDITION EN PROCÈS (en collaboration avec Sylvain Goudemare), Léo Scheer, 2003.

LE BONHEUR DE VIVRE EN ENFER, Maren Sell éditeurs, 2004.

LETTRES GALANTES DE MOZART (en collaboration avec Patrick de Sinety), Flammarion, 2004.

PIRATERIES INTELLECTUELLES, Sens & Tonka, 2005.

LA GUERRE DES COPYRIGHTS, Fayard, 2006.

BRÈVES DE PRÉTOIRE, Chifflet & Cie, 2007.

LE SENS DE LA DÉFENSE (en collaboration avec Jeanne-Marie Sens), L'Une & l'autre, 2008.

LE LIVRE NOIR DE LA CENSURE (corédaction et direction d'ouvrage), Seuil, 2008, prix Tartuffe 2008.

MUSEUM CONNECTION. ENQUÊTE SUR LE PILLAGE DE NOS MUSÉES (en collaboration avec Jean-Marie de Silguy), First, 2008.

NOUVELLES BRÈVES DE PRÉTOIRE, Chifflet & Cie, 2008.

LES GRANDES ÉNIGMES DE LA JUSTICE, First, 2009.

ACCUSÉS BAUDELAIRE, FLAUBERT, LEVEZ-VOUS ! NAPOLÉON III CENSURE LES LETTRES, André Versaille éditeur, 2010 ; 1857, LA LITTÉRATURE EN PROCÈS. GUSTAVE FLAUBERT, CHARLES BAUDELAIRE ET EUGÈNE SUE FACE À LA CENSURE, Hermann, 2021.

FAMILLES, JE VOUS HAIS ! LES HÉRITIERS D'AUTEURS, Hoëbeke, 2010.

LA COLLECTIONNITE, Le Passage, 2011.

LES VEUVES ABUSIVES d'Anatole de Monzie (édition critique), Grasset, « Les Cahiers rouges », 2011.

FAUT-IL RENDRE LES ŒUVRES D'ART ?, CNRS éditions, 2011.

COMME UN SEUL HOMME. DROIT, GENRE, SEXE ET POLITIQUE, Galaade, 2012.

AIMER LIRE, UNE PASSION À PARTAGER, Du Mesnil, 2012.

PARIS, VILLE ÉROTIQUE. UNE HISTOIRE DU SEXE À PARIS, Parigramme, 2013.

LES LORETTES, Le Passage, 2013.

LA FAMILLE D'AUJOURD'HUI POUR LES NULS (en collaboration avec Julien Fournier et Sophie Viaris de Lesegno), First, 2013.

LES ARTS PREMIERS POUR LES NULS, First, 2014.

LA LIBERTÉ SANS EXPRESSION. JUSQU'OÙ PEUT-ON TOUT DIRE, ÉCRIRE, DESSINER ?, Flammarion, 2015.

LES BRÈVES DE PRÉTOIRE. L'INTÉGRALE, Chifflet & Cie, 2015.

LES SYMBOLES POUR LES NULS, First, 2015.

PLUS GRAND QUE GRAND. UNE HISTOIRE INSOLITE DU CULTE DE LA PERSONNALITÉ, La Librairie Vuibert, 2016, Guy Saint-Jean éditeur, 2017.

L'ÉROTISME POUR LES NULS, First, 2017.

STARS À LA BARRE, Prisma éditions, 2017, Hugo & Cie, 2019.

« OMAR M'A TUER », suivi de « IL PLEURE, IL PLEURE ! », Points, 2018.

« J'ACCUSE », suivi de « SURTOUT NE CONFIEZ PAS LES ENFANTS À LA PRÉFECTURE ». L'AFFAIRE PAPON, 1997, Points, 2018.

« JUGER MAI-68 », suivi de « J'AI CHOISI LA LIBERTÉ », Points, 2018.

PIERRE SIMON, MÉDECIN D'EXCEPTION. DU COMBAT POUR LES FEMMES AU DROIT DE MOURIR DANS LA DIGNITÉ, Don Quichotte, 2018.

LA FRANCE DES VAINCUS PASSE À LA BARRE. UNE HISTOIRE JUDICIAIRE DE L'ÉPURATION EN FRANCE, 1944-1953, First, 2018.

« VOUS INJURIEZ UNE INNOCENTE », suivi de « SI VIOLETTE A MENTI », Points, 2018.

« ELLES SONT MA FAMILLE. ELLES SONT MON COMBAT », suivi de « VOUS AVEZ TROUVÉ 11,9 MG D'ARSENIC », Points, 2018,

« ILS NE SAVENT PAS TIRER », suivi de « ON AIME TROP L'ARGENT », Points, 2018.

NOUVELLES MORALES, NOUVELLES CENSURES, Gallimard, 2018.

LE GRAND LIVRE DE LA CENSURE, Plon, 2018.

« LES EXCUSES DE L'INSTITUTION JUDICIAIRE ». L'AFFAIRE D'OUTREAU, 2004, suivi de « JE DÉSIRE LA MORT ». L'AFFAIRE BUFFET-BONTEMS, 1972, Points, 2019.

« ON VEUT MA TÊTE, J'AIMERAIS EN AVOIR PLUSIEURS À VOUS OFFRIR ». L'AFFAIRE LANDRU, 1921, suivi de « NOUS VOULONS DES PREUVES ». L'AFFAIRE DOMINICI, 1954, Points, 2019.

« TOTALEMENT AMORAL ». L'AFFAIRE DU DR PETIOT, 1946, suivi

de « VIVE LA FRANCE, QUAND MÊME ! » L'AFFAIRE BRASILLACH, 1945, Points, 2019.

LES SECRETS DE L'AFFAIRE « J'ACCUSE », Calmann-Lévy, 2019.

LE TRIBUNAL DE LA TERREUR, Fayard, 2019.

FAUT-IL RENDRE DES ŒUVRES D'ART À L'AFRIQUE ? Gallimard, 2019.

JE CROIS EN L'ATHÉISME, Le Cerf, 2020.

JE PARLE AUX FÉTICHES (en collaboration avec Philippe Bouret), La Rumeur libre, 2022.

LES NOUVEAUX JUSTICIERS. RÉFLEXIONS SUR LA CANCEL CULTURE, Bouquins, 2022.

QUAND LES AVOCATS FONT L'HISTOIRE. DE L'ANTIQUITÉ À NOS JOURS, Albin Michel, 2022.

LES NOUVEAUX FAITS-DIVERS, Bonneton, 2023.

*Livres illustrés et livres d'art*

ANTIMANUEL DE DROIT, Bréal, 2007.

LE LIVRE DES LIVRES ÉROTIQUES, Chêne, 2007.

POMMES LIBERTINES (en collaboration avec Richard Conte), Bernard Pascuito éditeur, 2008.

UNE IDÉE ÉROTIQUE PAR JOUR, Chêne, 2008.

COMPRENDRE L'ART AFRICAIN, Chêne, 2008.

CENT LIVRES CENSURÉS, Chêne, 2010.

LES NOUVEAUX CABINETS DE CURIOSITÉS, Les Beaux Jours, 2011.

CENT IMAGES À SCANDALE, Hoëbeke, 2011 et 2013.

CENT ŒUVRES D'ART CENSURÉES, Chêne, 2012.

LE PHALLUS d'Alain Danielou (édition critique), La Demeure du labyrinthe, 2013.

IL ÉTAIT UNE FOIS « PEAU D'ÂNE » (en collaboration avec Rosalie Varda-Demy), La Martinière, 2014 et 2020, prix Simone Goldschmidt-Fondation de France.

CENT CHANSONS CENSURÉES (en collaboration avec Aurélie Sfez), Hoëbeke, 2014.

LES MOTS QUI FONT MÂLE. PETIT LEXIQUE LITTÉRAIRE ET POÉTIQUE DU SEXE MASCULIN (en collaboration avec Jean Feixas), Hoëbeke, 2015.

LES GRAND PROCÈS DE L'HISTOIRE, La Martinière, 2015, prix du Livre du patrimoine.

BARBES ET MOUSTACHES (en collaboration avec Jean Feixas), Hoëbeke, 2015.

LE DROIT D'AUTEUR (en collaboration avec Fabrice Neaud), Le Lombard, 2016.

MOI, EMMANUEL PIERRAT, AVOCAT À LA COUR, Glénat jeunesse, 2016.

100 INFOGRAPHIES POUR DÉCHIFFRER LA JUSTICE, La Martinière, 2016.

LES FEMMES ET LA JUSTICE. FEMMES AVOCATES, FEMMES MAGISTRATES ET FEMMES CRIMINELLES, La Martinière, 2016.

PIÈCES À CONVICTION. 35 AFFAIRES JUDICIAIRES QUI ONT DÉFRAYÉ LA CHRONIQUE (en collaboration avec Jérôme Pierrat), La Martinière, 2017.

LES PETITS CHEVEUX. HISTOIRE NON CONVENUE DE LA PILOSITÉ FÉMININE (en collaboration avec Jean Feixas), La Musardine, 2017.

DERNIÈRES VOLONTÉS. L'HISTOIRE DES PLUS INCROYABLES TESTAMENTS ET SUCCESSIONS, La Martinière, 2018.

3 MINUTES POUR COMPRENDRE L'ORGANISATION ET LES RÈGLES DE LA JUSTICE FRANÇAISE, Courrier du livre, 2019.

COLLECTIONS, COLLECTIONNEURS, La Martinière, 2019.

PROCÈS DE SANG. LES TUEURS FACE À LEURS JUGES, Géo Histoire/Prisma éditions, 2020.

LES PLUS GRANDES AFFAIRES CRIMINELLES, Géo Histoire, 2021.

CENSURÉS. INTERDIRE, INDEXER, SURVEILLER, Éditions de l'Imec, 2021.

*Livres sur la franc-maçonnerie*

LE PARIS DES FRANCS-MAÇONS (en collaboration avec Laurent Kupferman), Le Cherche-Midi, 2009 et 2013.

LES GRANDS TEXTES DE LA FRANC-MAÇONNERIE DÉCRYPTÉS (en collaboration avec Laurent Kupferman), First, 2011.

CE QUE LA FRANCE DOIT AUX FRANCS-MAÇONS (en collaboration avec Laurent Kupferman), First, 2012.

LES SECRETS DE LA FRANC-MAÇONNERIE, La Librairie Vuibert, 2013.

LES FRANCS-MAÇONS SOUS L'OCCUPATION. ENTRE RÉSISTANCE ET COLLABORATION, Albin Michel, 2016, Le Grand Livre du mois, 2016.

DIEU, LES RELIGIONS ET LES FRANCS-MAÇONS, First, 2016.

LES FRANCS-MAÇONS ET LE POUVOIR, First, 2017.

LE DÉCODEUR DES EXPRESSIONS MAÇONNIQUES, First, 2017.

LES FRANCS-MAÇONS ET LES ROIS DE FRANCE, Dervy, 2019.

CE QUE LA RÉPUBLIQUE DOIT AUX FRANCS-MAÇONS, First, 2021.

*Livres juridiques*

GUIDE DU DROIT D'AUTEUR À L'USAGE DES ÉDITEURS, Éditions du Cercle de la librairie, 1995.

LE SEXE ET LA LOI, Arléa, 1996, La Musardine, 2002, 2008, 2015 et 2019.

LE DROIT D'AUTEUR ET L'ÉDITION, Éditions du Cercle de la librairie, 1998, 2005 et 2013.

LE DROIT DE L'ÉDITION APPLIQUÉ I, Éditions du Cercle de la librairie/Cecofop, 2000.

GUIDE JURIDIQUE PRATIQUE DE L'ÉDITEUR. LIVRE-PRESSE-MULTIMÉDIA (en codirection avec Agnès-Lahn Gozin et Arnaud Le Mérour), Stratégies, 2001.

REPRODUCTION INTERDITE. LE DROIT À L'IMAGE EXPLIQUÉ AUX PROFESSIONNELS DE LA CULTURE ET DE LA COMMUNICATION, À CEUX QUI VEULENT PROTÉGER LEUR IMAGE ET À TOUS LES AUTRES QUI VEULENT COMPRENDRE LA NOUVELLE CENSURE ICONOGRAPHIQUE, Maxima/Laurent Du Mesnil, 2001.

LE DROIT DU LIVRE, Éditions du Cercle de la librairie, 2001, 2005 et 2013.

LE DROIT DE L'ÉDITION APPLIQUÉ II, Éditions du Cercle de la librairie/Cecofop, 2002.

LA JUSTICE POUR LES NULS (direction d'ouvrage), First, 2007, 2013 et 2020.

LES CONTRATS DE L'ÉDITION, 2011 et 2014, editionsducercledelalibrairie.com (disponible uniquement sur support numérique).

CODE DE LA LIBERTÉ D'EXPRESSION (en collaboration avec Vincent Ohanessian), Anne Rideau éditions, 2018.

AUTEURS, VOS DROITS ET VOS DEVOIRS, Folio inédit, 2020.

DICTIONNAIRE DU MONDE JUDICIAIRE (direction d'ouvrage), Bouquins, 2022.

*Traductions*

PENSÉES PARESSEUSES D'UN PARESSEUX de Jerome K. Jerome (traduit de l'anglais, en collaboration avec Claude Pinganaud), Arléa, 1991, Arléa poche, 1996.

HISTOIRES DE FANTÔMES INDIENS de Rabindranath Tagore (traduit du bengali, en collaboration avec Ketaki Dutt-Paul), Cartouche, 2006, Arléa poche, 2008.

FANNY HILL, FEMME DE PLAISIR (présenté et adapté de l'anglais), Bernard Pascuito éditeur, 2008, Kindle, 2021.

*Composition : Nord Compo*
*Achevé d'imprimer*
*par CPI Firmin-Didot*
*à Mesnil-sur-l'Estrée, en mai 2023*
*Dépôt légal : mai 2023*
*Numéro d'imprimeur : 174614*

ISBN : 978-2-07-291416-4/Imprimé en France

**371590**